Chi An Kuei

Geheimnisse, die das Gesicht verrät

Wie man sein Gegenüber mit
einem Blick einschätzt, seine Stärken
und Schwächen erkennt und seine
Hoffnungen und Ängste durchschaut

Scherz

1. Auflage 1994

Schutzumschlag von Adolf Bachmann

Inhalt

Einführung

Die Sehnsucht des Menschen, etwas über sein persönliches Schicksal zu erfahren, ist so alt wie die Menschheit selbst. So nimmt es nicht Wunder, daß die Ursprünge der chinesischen Gesichtlesekunst mehr als dreitausend Jahre zurückreichen. Schon in der Zeit des Konfuzius, des Begründers der chinesischen Religionslehre, war Siang Mien, die Kunst des Gesichtlesens, zu voller Blüte gelangt. Von Konfuzius ist unter anderem die Weisheit überliefert: Ein Kind kann nichts für sein Gesicht, ein Erwachsener aber ist selbst verantwortlich für sein Aussehen.

Das Wissen des *Siang Mien* wurde stets als Geheimnis gehütet und von Generation zu Generation weitergegeben – vom Lehrmeister an seine Schüler.

Es existierten auch schon recht früh *Siang-Mien*-Bücher, in denen die vielfältigen Weisheiten der Wahrsagerei und Gesichtsdeutung niederlegt wurden. Sie waren ausschließlich den chinesischen Kaisern zugänglich und wurden wie ein Schatz gehütet.

Wie sehr die Herrscher von der Kunst des Gesichtlesens beeinflußt waren, zeigt das Beispiel des Kaisers Tsin-Che-Wong, der im Jahre 221 vor unserer Zeitrechnung das Reich der Mitte beherrschte. Der machtbesessene Despot ließ in seinem Land sämtliche Literatur verbrennen – zum Teil unschätzbar kostbare Schriften aus konfuzianischer Zeit, darunter auch die Bücher über das Gesichtlesen. Der Grund: Anhand dieser Schriften wäre es möglich gewesen, ihn als bösartigen und hinterlistigen Tyrannen zu entlarven. Die Angst vor Entdeckung seines wahren Charakters ging soweit, daß er sich auch ganz entschieden weigerte, sich von seinem Hofmaler porträtieren zu lassen, wie es der damalige Brauch verlangte. Auf seinen Befehl hin mußte ein ganz anderes Bild von ihm geschaffen werden – mit einem Gesicht, das alle glückverheißenden Merkmale aufwies und seinen Untertanen Güte und Wohlwollen vorgaukeln sollte.

Ein Großteil dessen, was heute über *Siang Mien* bekannt ist, wurde mündlich überliefert. Dieses uralte Wissen wurde später ergänzt durch die Erkenntnisse von *Siang Mien*-Meistern, die die Welt bereisten, um die Gesichter von Menschen in fremden Ländern zu erforschen.

Viele andere in China entstandene Formen des Wahrsagens haben an Bedeutung verloren oder werden heute lediglich noch als Gesellschaftsspiel genutzt. *Siang Mien* jedoch hat überlebt: weil das Gesicht als Spiegel der Seele bis heute nichts von seiner Aussagekraft verloren hat.

Anhand ihrer Gesichter erfahren wir sehr viel über die Menschen, mit denen wir zu tun haben. Wer die Gesichtsdeutung beherrscht, wird sein Gegenüber besser kennenlernen als jeder andere. Nicht vergessen werden darf aber auch der medizinische Aspekt des *Siang Mien*. In der chinesischen Medizin schließt eine Behandlung stets auch die Analyse des Gesichts mit ein. So zeigen uns zum Beispiel kleine, auseinanderstehende Zähne, daß dieser Mensch in seiner Jugend überwiegend tierisches Eiweiß zu sich genommen hat, während übermäßig große Backen- und Vorderzähne auf eine natürliche Ernährung mit hohem Getreideanteil schließen lassen. Und die Augen verraten uns auf einen Blick, ob ein Mensch verletzlich, skeptisch, traurig, ob er offen, fröhlich und zugänglich ist – auch wer das nicht so recht glauben mag, es ist so!

Welchen Stellenwert hat die Kunst des Gesichtlesens in unserer modernen Zeit, in der sich scheinbar alles bis ins Detail erklären und analysieren läßt? Sie erscheint mir wichtiger denn je! Denn so gut wir angeblich über die Welt, in der wir leben, Bescheid wissen – wir haben es verlernt, uns mit uns selbst zu beschäftigen, uns selbst zu entdecken. Wie oft schauen wir uns voller Hilflosigkeit ins Gesicht und fragen uns: Wie geht es dir? Und – wie geht es weiter? Sind die dunklen Schatten unter den Augen nur das Ergebnis einer langen Nacht – oder steckt vielleicht etwas Ernsteres dahinter? Wir registrieren zwar das Signal, aber nach der Ursache zu forschen nehmen wir uns nicht die Zeit.

Wir sollten erkennen, daß uns alles ins Gesicht geschrieben ist. Wir müssen nur den Willen und die Ernsthaftigkeit – und den Mut! – aufbringen, uns mit diesen Zeichen auseinanderzusetzen.

Wer sich selbst wirklich erkannt hat, wird auch sein Verhältnis zu Freunden, Kollegen, dem Partner sinnvoller und befriedigender gestalten können, er wird auf andere Menschen besser eingehen und mehr Verständnis für ihre Probleme aufbringen können.

Mit diesem Buch möchte ich Ihnen einen Einblick geben in die fernöstliche Kunst des Gesichtlesens – wobei ich mich auf die Einsichten beschränke, die auch für unseren westlichen Kulturkreis von Belang sind. Allerdings möchte ich auf eines sehr deutlich hinweisen: Niemand sollte die Aussagen in diesem Buch als unveränderliches Schicksal auffassen. Jeder trägt die Verantwortung für sich selbst. Zwar sind aufgrund bestimmter Gesichtszüge wesentliche Charaktereigenschaften bereits festgelegt, doch wie der einzelne mit seinen Anlagen umgeht, darin liegt der Schlüssel zu seinem Glück und Erfolg – wie auch zu seinem Unheil. Schicksal ist nie allein eine Frage der persönlichen Anlagen, sondern auch der Fähigkeit, Chancen zu nutzen und das eigene Potential auszuschöpfen.

Niemand ist gezwungen, den Weisheiten des *Siang Mien* Glauben zu schenken. Doch einen Versuch wert ist es allemal!

Die einzelnen Gesichtspartien und ihre Eigenschaften

Über die Proportionen des Gesichts

Wie beim ganzen Körper des Menschen gibt es auch beim Gesicht eine ideale Proportionalität, das heißt, daß alle Längen und Breiten durch ein bestimmtes Maß teilbar sind. Beim Gesicht ist das die Breite des Auges.

Wenn Sie die Zeichnung betrachten, sehen Sie ein absolut ebenmäßiges Gesicht, symmetrisch in seiner Längsachse. Die einzelnen Elemente entsprechen einander in Größe, Abständen und Verteilung. Die Höhe der Stirn (ca. 2 mal die Augenbreite) ist genauso lang wie die Nase ab den Brauen und wie die Länge von der Nasenspitze zum Kinn. Der Zwischenraum zwischen den Augen entspricht der Augenbreite, genauso wie die Strecke zwischen Kinn und Unterlippe und von dort bis zur Nase. Man findet dieses Maß überall im Gesicht.

Die Zeichnung läßt sich nicht eindeutig einem Männer- oder einem Frauengesicht zuordnen. Das Gesicht ist in seinen Proportionen bei den Geschlechtern gleich.

Das Gesicht wirkt außerdem eigenartig ausdruckslos. Das liegt an der Symmetrie der Formen. Es gibt nur wenig Menschen mit einem völlig ebenmäßigen Gesicht. Erst die Abweichungen von den idealen Proportionen ergeben ein individuelles Gesicht.

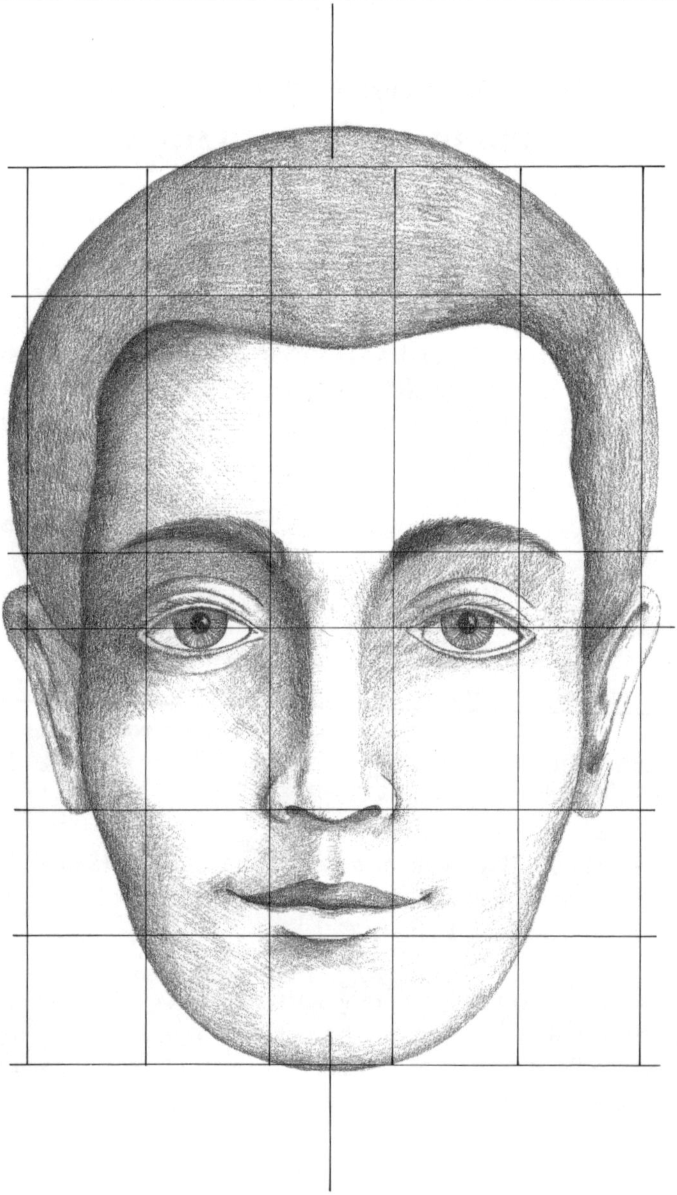

Die Proportionen des Gesichts

Die Gesichtsformen

Manche Gesichter lassen sich auf den ersten Blick bestimmten typischen Formen zuordnen, andere wiederum vereinen Merkmale verschiedener Formen in sich. Entsprechend mischen sich bei den Mischformen auch Eigenschaften der Formen, aus denen sie sich zusammensetzen. Die Kunst des Gesichtlesens besteht nun darin, sämtliche Merkmale mit dem Gesicht als Ganzem in Verbindung zu setzen und abzuwägen, welche Züge prägend sind für den betreffenden Menschen.

Neben der Gesichtsform – auf die wir nachfolgend detailliert eingehen werden – sind auch die Farbe des Teints und die Knochenstruktur wichtige Merkmale für die Deutung.

Eine ausgeprägte, knochige Gesichtsstruktur verrät, daß dieser Mensch sehr hart und schonungslos mit sich selbst, aber auch mit anderen umgehen kann. Das heißt keineswegs, daß er dem harten Helden aus den Kung-Fu-Filmen entspräche. In seiner Lebensphilosophie ist einfach wenig Raum für überschäumende Lebensfreude oder spontane Heiterkeit. Das macht es nicht leicht, einen engen Kontakt zu ihm herzustellen. Doch werden wir gerade zu diesem Menschentyp Kontakt suchen, weil wir instinktiv fühlen, daß wir ihm vertrauen können. Vielleicht wird ihm deswegen oft zuviel Verantwortung aufgebürdet, die er nur mit äußerstem (manchmal unnötig hohem) Einsatz bewältigen kann. Wem dieser Mensch zu perfekt erscheint, kann sich damit trösten, daß er zuweilen eine Neigung zu unerträglichem Eigenlob in sich trägt und ihm jede Selbstkritik fehlt.

Eine fleischige Gesichtsstruktur steht für den Genußmenschen schlechthin. Dieser Typus liebt ein bequemes Leben, Annehmlichkeiten und Vergnügungen jeder Art und hat häufig eine Vorliebe für Süßes. Sein ganzes Leben lang ist er bestrebt, sich

Wissen anzueignen. Dabei entwickelt er häufig besondere Talente im Showbusineß oder an der Nähmaschine.

Der fleischgesichtige Optimist würde es ungehörig finden, seinen Frust jedermann zu offenbaren, er wird ihn lieber runterschlucken und ein umwerfend charmantes Lächeln aufsetzen. Er versteht es meisterhaft, Probleme zu verdrängen, alles sollte möglichst *easy-going* sein. Oft erscheinen uns gerade deshalb diese Menschen beneidenswert in ihrer Leichtigkeit, und wir fühlen uns stark zu ihnen hingezogen. Es ist höchst amüsant, sich in ihrer Nähe aufzuhalten – solange sie im Mittelpunkt stehen. Doch fühlen sie sich an den Rand gedrängt, betrachten sie das als Mißachtung und setzen eine beleidigte Miene auf.

An der Farbe des Teints lassen sich nach chinesischer Deutung wie auf einem Barometer das momentane Wohlbefinden und die gesundheitliche Konstitution ablesen.

Wer über eine rosige, gut durchblutete Gesichtshaut verfügt, strahlt automatisch eine positive, lebensbejahende Einstellung aus. Sein Charakter ist zärtlich und bisweilen sogar romantisch. Attraktive Menschen ziehen ihn magisch an, und die Aussicht, neues erotisches Terrain zu erobern, stachelt sie/ihn zu phantasievollen Höhenflügen an. Sobald sein Interesse erlahmt, macht sich das rosige Gesicht wieder auf die Suche. Das soll aber nicht heißen, daß es leichtsinnig ist. Es hat einfach Angst, sich festzulegen.

Im Zusammenleben mit anderen erweist sich das rosige Gesicht als äußerst pflegeleicht und wird stets versuchen, Streitigkeiten aus dem Weg zu gehen und einen vernünftigen Konsens zu finden. Von Natur aus ist es ausgesprochen intelligent, und es scheut keine Mühe, sein Wissen zu mehren. Kein Wunder also, daß es in Fortbildungskursen oder Buchläden besonders häufig anzutreffen ist.

Eine rötliche Gesichtsfarbe signalisiert uns auf den ersten Blick: Entweder ist dieser Mensch nach großer Anstrengung außer Atem geraten – oder er leidet möglicherweise unter Bluthochdruck.

Für eine Gesichtsdeutung müssen wir taktvoll der Ursache der Gesichtsrötung auf den Grund gehen. Es sind sehr aktive Menschen mit viel Energie, die in Streßsituationen leicht ins Cholerische und sogar Aggressive umschlägt. Sie lieben ihre Unabhängigkeit, und wenn man ihnen zu nahe tritt, können sie schnell ungeduldig oder unfreundlich werden und beim geringsten Anlaß in die Luft gehen. Wie ihre rote Gesichtsfarbe vermuten läßt, halten sie sich gern im Freien auf. Körperliche Bewegung wirkt sich ausgleichend auf ihren nervösen Tatendrang aus. So trifft man sie denn häufig beim Joggen oder beim Umgraben ihres Gartens an.

Ein dunkler, häufig fahler Teint läßt uns spontan auf einen pessimistischen Menschen schließen. Womit wir nicht ganz falsch liegen, denn dieser Typus nimmt das Leben häufig schwerer, als es ist. Mit übersensiblen Antennen für äußere Reize ausgestattet, ist er geradezu prädestiniert für künstlerische Berufe. Seine Klugheit läßt es nicht zu, Dinge einfach hinzunehmen, er wird vielmehr nächtelang über Probleme grübeln. Wenn es ihm auch aufgrund seines ernsten Charakters an kapriziöser Leichtigkeit mangelt, ist er erwiesenermaßen interessiert an Sex und amourösen Abenteuern und erweist sich auf diesem Gebiet als sehr einfallsreich und experimentierfreudig.

Typisch für diesen Gesichtstyp ist, von einem Thema oder Arbeitsgebiet zum nächsten zu springen. Denn nichts ödet ihn mehr an als Routine.

Das soll genügen über diese recht leicht zu interpretierenden allgemeinen Merkmale des Gesichts. Wenden wir uns nun den typischen Formen des Gesichts zu.

Mondgesicht

Menschen mit großem rundem Kopf winkt ab der Lebensmitte ein harmonisches Familienglück. Viele Kinder und ein großer Clan sind Garantie dafür, daß sie bis ins hohe Alter vom Kreise der Familie umsorgt und geachtet werden.

Dies gilt allerdings nur sehr eingeschränkt, wenn der große runde Kopf auf einem schmalen Hals sitzt. In diesem Falle muß man mit ständigen (zum Glück nicht gravierenden) gesundheitlichen Schwierigkeiten rechnen. Auch kleinere organische Leiden sind vom Schicksal vorbestimmt.

Menschen mit einem runden Gesicht erwecken oft den Eindruck von Trägheit, Passivität, wenig Eleganz. Ihre angeborene Bequemlichkeit wird sie kaum dazu verleiten, sportliche Höchstleistungen zu vollbringen. Dem klugen Verstand steht die Unlust an körperlicher Betätigung gegenüber. Ihre Befriedigung finden sie vielmehr beim Essen und Genießen. Es muß uns nicht wundern, daß hier die meisten (vor allem weiblichen) Opfer nutzloser Diäten vertreten sind. Durch die genußvolle Völlerei besteht die Gefahr von unkontrollierter Gewichtszunahme und Übergewicht.

Ihr Geschick im Umgang mit anderen und ihre nie endende Freundlichkeit macht sie zu geborenen Diplomaten. Sie gelten als ausgesprochen clever. Ernsthafte Probleme werden nicht als Weltuntergang angesehen, sondern als interessante Abwechslung. Obwohl sie gute Redner sind und argumentieren können, haben sie bei Diskussionen oft das Nachsehen, weil ihr Wissen einfach nicht fundiert genug ist.

Im Beruf gelten die männlichen Mondgesichter als smarte Business-Männer. Da ihr Wissen und ihre Interessen breitgefächert sind, springen sie in jüngeren Jahren von einem Job und von einem Interessengebiet zum nächsten. Nichts ist ihnen mehr zuwider als schnödes Einerlei – es macht sie manchmal sogar ausgesprochen aggressiv. Erst ab dem 34. Lebensjahr kristallisiert sich ihr kaufmännisches Geschick heraus. Sie kommen dabei selten in Gefahr, sich auf gewagte Spekulationen einzulassen, da sie von Natur aus ausgesprochen skeptisch sind. Dagegen sind rasche Geschäftsabschlüsse mit solidem Profit typisch für sie, weil ihnen lange Verhandlungen einfach zu langweilig sind.

Beim weiblichen Mondgesicht ist beruflich eine gewisse Sorglosigkeit vorhanden. Vor lauter hin- und herüberlegen vergißt es häufig, seinen eigenen Vorteil zu nutzen. Daher trifft man weibliche Mondgesichter eher in mittleren Positionen als in der Chefetage an.

Privat genießen Mondgesichter häufig vor allem eines: ihr Single-Leben. Daß sie – ob weiblich oder männlich – meist erst mit rund vierzig Jahren heiraten, liegt offensichtlich nicht zuletzt daran, daß sie in jüngeren Jahren das andere Geschlecht schlichtweg ignorieren. Um Bestand zu haben, muß eine Beziehung interessant und lebendig bleiben. Abwechslung – auch im Bett – ist für sie ein und alles.

Gelegentlichen Liebschaften sind er und sie nie ganz abgeneigt. Haben sie sich aber endlich einen Ruck gegeben, marschieren sie schnurstracks aufs Standesamt. Und weil ihr Sex-Leben so gut funktioniert, haben sie häufig mehrere Kinder. Daß man diese zu ihrem Mondgesicht-Elternteil nur beglückwünschen kann, brauche ich wohl nicht zu betonen.

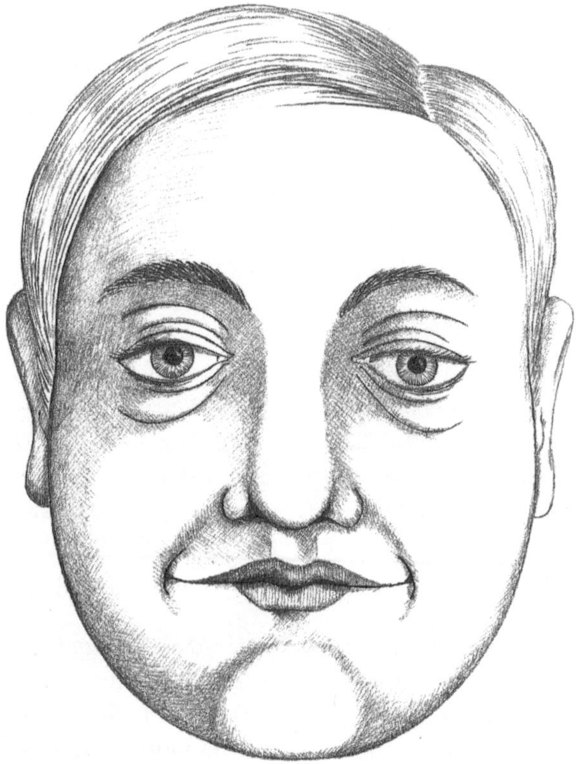

Männliches Mondgesicht

Weibliches Mondgesicht

Metallgesicht

Siang Mien kennt zwei Unterformen des Metallgesichtes. Am häufigsten vertreten: die kurze Gesichtsform mit viel Volumen im Wangenbereich. Dieser Typus fällt selbst in der größten Menschenmenge durch seine sympathische Ausstrahlung sofort ins Auge. Gesundheitlich ist er etwas labil und hat häufig Probleme mit dem Magen.

Die Vertreter der langen Gesichtsform sind recht groß gewachsen, über ein Meter neunzig ist keine Seltenheit. Sehr oft sind sie extrem ichbezogen und wenig flexibel. Dafür können sie mit einem langen Leben rechnen.

Das Metallgesicht ist die am häufigsten vorkommende Gesichtsform überhaupt. Dieser Typus – ganz gleich, ob weiblich oder männlich – versteht es wie kein anderer, seine Gefühle durch aufgesetzte Strenge zu übertünchen. Sein mit Pragmatismus gepaarter Intellekt gipfelt leicht in der egoistischen Durchsetzung seiner Ziele. Außerdem besteht die Gefahr, daß sich in späteren Jahren ein Hang zur Habgier einstellt.

Zweifellos hat dieser Mensch eine Neigung zum Einzelgängertum. Es sei denn, er findet einen hundertprozentig Gleichgesinnten. Diesem gestattet er auch einen Blick auf die andere Seite seines Charakters: die extrovertierte.

Das Metallgesicht verfügt über einen ausgeprägten Gerechtigkeitssinn und wird mit großer Leidenschaft für seine Überzeugung eintreten. Vielleicht kokettiert es sogar ein wenig mit diesem Wesenszug. Es liebt nichts mehr als Überraschungen und läßt sich selbst gern überraschen. Es kann sogar großes Vergnügen daran finden, vor einem handverlesenen Publikum eine Kostprobe seines Humors zum besten zu geben.

Das Metallgesicht ist zwar hochintelligent, läßt sich aber manchmal auch einfach von seinem Instinkt leiten. Es hat geradezu etwas Schicksalhaftes, wie diese Menschen mit schönster Regelmäßigkeit immer wieder auf die Füße fallen. Sei es, daß sie plötzlich an der Spitze eines Unternehmens brillieren oder daß sie ganz unerwartet finanzielle Reichtümer anhäufen. Sie verstehen es, risikolos zu investieren, und vertrauen dabei ganz auf ihren Instinkt. Eine Neigung zu Politik oder Juristerei ist ebenfalls typisch; überdurchschnittlich häufig sind Metallgesichter auf dem Richtersessel oder im Parlament zu finden.

Privat wissen Metallgesichter die exquisiten Freuden des Lebens sehr zu schätzen. Haben sie oder er ein Auge auf ein Objekt ihrer Begierde geworfen, entwickeln sie unglaubliche Energie und Phantasie, um zum Ziel zu kommen. Ist dieses allerdings erreicht, werden sie sich auf die Suche nach neuen Reizen begeben. Das kann zu Spannungen in der Beziehung führen, die sich in der Regel als weniger dauerhaft erweist als erwartet.

Sollte das Metallgesicht eine Ehe eingehen – wenn überhaupt, tut es dies gleich mehrmals –, ist es für sie/ihn ganz natürlich, daß man neben dem Ehepartner noch eine Geliebte bzw. einen Geliebten hat.

Männliches Metallgesicht

Weibliches Metallgesicht

Jadegesicht und Holzgesicht

Das Jadegesicht, das in der Wangenpartie eine sehr ausdrucksstarke, ebenmäßig abgerundete Form aufweist, ist die häufigste weibliche Gesichtsform. Jadegesichtige Frauen haben eine geheimnisvolle Ausstrahlung und wirken sehr anziehend. Wundern Sie sich nicht, wenn so eine Frau über mehrere Badezimmer verfügt – denn sie legt großen Wert auf ihr Image, auf Schönheit und Ästhetik.

Jadegesichter – nicht nur die weiblichen, sondern auch die männlichen – haben oft eine schwere Jugend hinter sich. Man sollte sich aber von ihrer zarten Fassade nicht blenden lassen: Sie sind härter, als man vermuten mag, besitzen einen ungeheuren Erfolgswillen und ein fabelhaftes Gedächtnis.

Diese Menschen haben eine sehr optimistische Lebenseinstellung und sind äußerst begeisterungsfähig. Auf der anderen Seite können sie durch bloße Nichtigkeiten aus der Fassung gebracht werden. Diese Stimmungsschwankungen werden oft für sie selbst zu einem Problem. Auch können gelegentliche Taktlosigkeiten oder andere unbedachte Handlungen das Erreichte gefährden.

Nach *Siang Mien* wird Jadegesichtern ein besonderes Gespür für Okkultes und Übersinnliches zugeschrieben. Ihr Interesse an solchen Phänomenen ist allerdings eher wissenschaftlich geprägt.

Jade-Frauen steigen aufgrund ihres ausgeprägten Erfolgsstrebens häufig in höchste soziale Ebenen auf. Sie werden daher ungerechterweise oft als arrogant und skrupellos eingestuft.

Im Beruf lassen sich Jadegesichter, dank ihres Energiepotentials, auch von größten Schwierigkeiten nicht entmutigen. Sie setzen ihre Intelligenz so zielgerichtet für ihre Karriere ein, daß man den Eindruck hat, sie seien mit einem besonderen Jagdinstinkt gesegnet.

Bei männlichen Jadegesichtern findet man oft einen Hang zum Chauvinismus. Gegen Routine hegen sie eine abgrundtiefe Abneigung. Sie sollten sich deshalb eine berufliche Aufgabe suchen, die sie fordert und in keiner Minute langweilt. Überdurchschnittlich häufig sind sie beim Militär zu finden.

Auch eine Frau mit Jadegesicht braucht in jedem Fall ein hohes Maß an beruflicher Herausforderung, weil es sie unglücklich machen würde, nur wegen ihrer Schönheit im Chefsessel zu sitzen. Die Kühle, die man oft mit ihrem guten Aussehen verbindet, wird bei ihnen durch ein überraschendes Maß an Mimosenhaftigkeit einerseits und eine aufregende Sinnlichkeit andererseits konterkariert.

In einer Liebesbeziehung stellen sie an den Partner dieselben hohen Anforderungen wie an sich selbst. Und wenn ihre anspruchsvollen erotischen Bedürfnisse nicht erfüllt werden, stellt sich schnell Enttäuschung ein.

All diese Eigenschaften gelten auch für das Holzgesicht, dessen Konturen ausgeprägter und kantiger sind und das wir – anders als das Jadegesicht – eher bei Männern als bei Frauen finden.

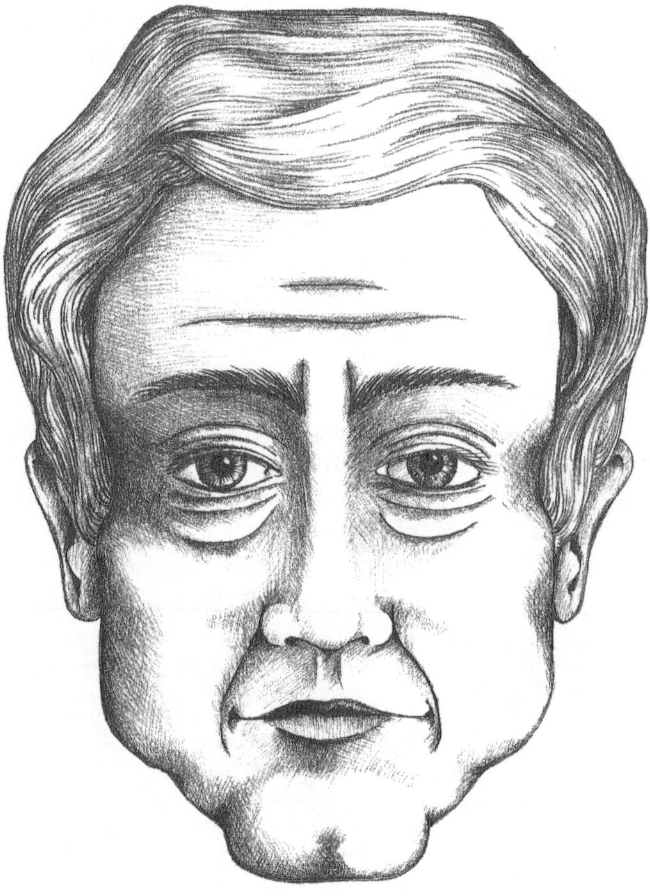

Holzgesicht

Jadegesicht

Kübelgesicht oder Wassergesicht

Das Kübelgesicht, auch Wassergesicht genannt, zeichnet sich durch eine breite Stirn- und eine betonte Augenpartie aus, die schon auf den ersten Blick die Energie verrät, die dieser Mensch besitzt. Dieser grundsolide Charakter verbringt sein ganzes Leben überwiegend damit, sich Wissen anzueignen. Dies geschieht auf den unterschiedlichsten Gebieten; Computertechnik übt auf das Kübelgesicht die gleiche Faszination aus wie die Kunst des Strickens.

Mit Hilfe seiner Intelligenz findet es zum Erfolg und verschafft sich so auch den Respekt, den es verdient. Aber das Kübelgesicht wird auch Phasen von Trübsinn und Depressivität durchleben und dann in seinen Leistungen stark nachlassen. Man sollte sich jedoch davor hüten, es aufmuntern und aus dieser negativen Stimmung reißen zu wollen – es wird nicht gelingen.

Männer mit diesem Gesicht lassen sich oft nur schwer in ihre innere Welt hineinschauen. Nahe an sie heranzukommen und ihr Vertrauen zu gewinnen kann ein sehr langwieriges Unterfangen werden. Obwohl es viele Freunde hat, fühlt sich das Kübelgesicht im Grunde genommen oftmals allein. Vermutlich ist nicht zuletzt sein schwankendes Gemüt daran schuld.

Das Kübelgesicht ist für alle Arbeiten, die routinemäßig ablaufen, denkbar ungeeignet, weil es viele eigene Ideen einzubringen vermag. Beim männlichen Kübelgesicht kollidieren häufig angeborene handwerkliche Fähigkeiten mit dem Unvermögen, Kapital daraus zu schlagen. Doch das ist nicht weiter tragisch, denn dieser sehr originelle, einfallsreiche Charakter ist vor allem in Berufen erfolgreich, in denen er mit anderen Menschen oder mit Tieren – zum Beispiel auf einem Bauernhof – zu tun hat.

Dem weiblichen Kübelgesicht ist eine kreative Veranlagung angeboren. Wenn es dieses Naturtalent richtig einsetzt, kann es auf der Bühne oder im Zirkus Karriere machen.

Das Kübelgesicht hat viele stürmische Affären, verliebt sich tief und leidenschaftlich, weil sein Leben ohne körperliche Liebe unausgefüllt wäre. Nur läuft es bei seinen amourösen Spritztouren Gefahr, einer festen Bindung vergeblich hinterherzujagen. Denn echte Gefühle kann es oftmals von einem Strohfeuer nicht unterscheiden.

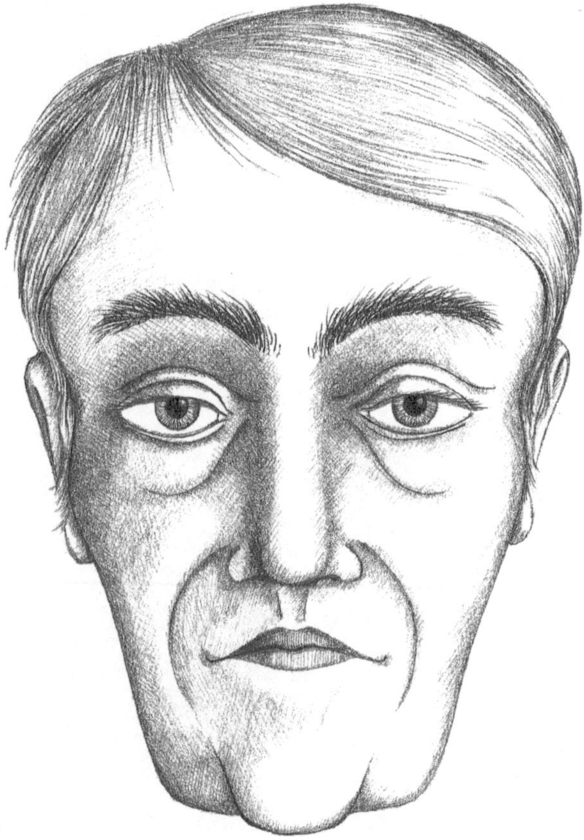

Männliches Kübelgesicht

Weibliches Kübelgesicht

Feuergesicht

Das Feuergesicht, oft auch ganz uncharmant als Eierkopf bezeichnet, besitzt eine breite Stirn, hohe Wangenknochen und eine schmale, spitz zulaufende Kinnpartie. Es besticht durch herausragende Intelligenz und ist sehr flexibel. Dieser Charakter sprüht oft vor Ideen – und kann sie mitunter auch in die Tat umsetzen. Aber für seinen Erfolg wird er hart arbeiten müssen.

Trotz vieler positiver Anlagen gerät das Feuergesicht immer an die falschen Freunde, weil es sich in Gefühlsdingen zu gern von Äußerlichkeiten blenden läßt. Gravierender allerdings ist sein Hang zu schamloser Übertreibung. Sein theatralisches Geschick reißt es oft so sehr mit, daß es Sein von Schein kaum unterscheiden kann. Dies ist ebenso sein Schicksal wie sein tiefsitzendes Mißtrauen, das es häufig in der Isolation leben läßt.

Das Feuergesicht ist von wacher Intelligenz und manchmal skrupellos in seinem Machtstreben. Seine Karriere zeichnet sich schon in jungen Jahren ab, ist aber erfahrungsgemäß meist nur von kurzer Dauer. Denn allzuoft gehen seine Versuche, andere auszutricksen, völlig daneben. Doch dies wird ausgeglichen durch seine hervorragende Beobachtungsgabe, die das Feuergesicht, wenn es klug ist, beruflich einsetzt.

In der Liebe werden Feuergesichter kaum Probleme haben, ihre Gefühle und Wünsche zu offenbaren. Um so unverständlicher wird es diesem hypersensiblen Charakter sein, daß immer nur die anderen in langfristigen, glücklichen Beziehungen leben. Doch wenn es sich selbst gegenüber ganz ehrlich ist, muß es eingestehen, daß es durch seinen großen Argwohn und die eigenen Probleme, eine tiefergehende Beziehung einzugehen, seinen Liebespartner ein ums andere Mal vergrault. Deshalb muß das Feuergesicht häufiger als andere Gesichter mit schweren Schicksalsschlägen in der Liebe rechnen. Im günstigsten Fall wird die oder der Geliebte stillschweigend das Weite suchen.

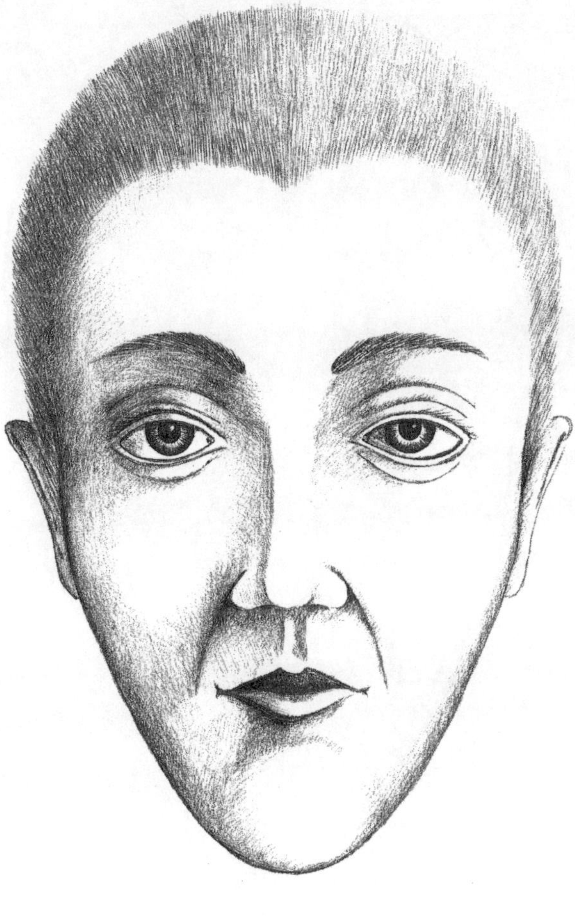

Weibliches Feuergesicht

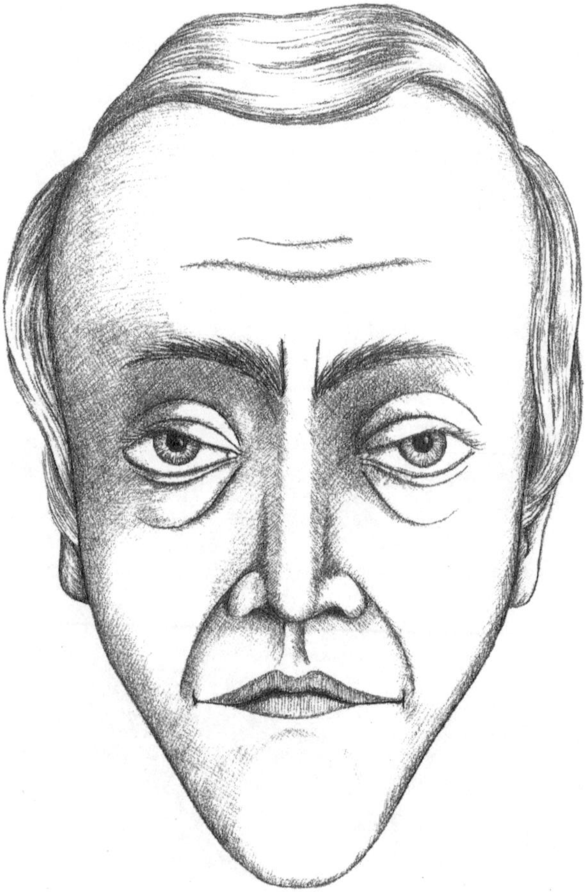

Männliches Feuergesicht

Königsgesicht oder Sonnengesicht

Das Königsgesicht, auch als Sonnengesicht bezeichnet, ist von der Struktur her kantig; Stirn-, Wangen- und Kieferpartie sind stark ausgeprägt. Diese Gesichtsform gilt allgemein als ästhetisches Ideal.

Das Königsgesicht ist, auch wenn's ganz unmajestätisch klingt, privat ein leidenschaftlicher Vereinsmeier. Denn bei welch anderem Typus sonst finden sich solch optimale Voraussetzungen dafür, Menschen um sich zu scharen und seine Führungsqualitäten unter Beweis zu stellen? Bei seinen großen Erfolgen fällt es kaum auf, daß es vorzugsweise Jasager sind, mit denen sich das Königsgesicht umgibt; denn in seiner Selbstherrlichkeit kann es Widerspruch nur schwer ertragen.

Königsgesichtern – weiblichen wie männlichen gleichermaßen – scheint im Leben so wenig zu mißlingen, daß man an Zauberei glauben könnte. Vielleicht verstehen sie es aber auch nur geschickter als andere, in ihrer großartigen Unbekümmertheit nach den Sternen zu greifen.

Königsgesichter üben dank ihrer Spontaneität und Begeisterungsfähigkeit eine geradezu magische Anziehungskraft auf andere Menschen aus und können sich über den Eindruck, den sie machen, nur köstlich amüsieren. Wem so viel Glück ungerecht erscheint: Echte Freundschaft wird für das Königsgesicht fast immer ein unerfüllter Traum bleiben.

Im Berufsleben wird es seine natürliche Autorität dem Königsgesicht leichtmachen, eine Führungsposition zu beanspruchen. Dabei wird es niemandem gestatten, an seinem Erfolg zu partizipieren.

Die Möglichkeit eines Mißerfolgs erscheint den Königsgesichtern ganz unwahrscheinlich. Wird allerdings ihr Engagement einmal nicht genügend (finanziell) gewürdigt, kommt das Königsgesicht ganz schnell auf die Idee, den Kram ohne Vorwarnung hinzuschmeißen.

Es ist beinahe aussichtslos, einen amourösen Abenteurer wie das Königsgesicht davon zu überzeugen, daß Liebe und Treue etwas miteinander zu tun haben. Obwohl der leidenschaftliche König über alle Qualitäten eines perfekten Liebhabers verfügt, ist es unwahrscheinlich, daß die Partnerbeziehung bis zum Standesamt hält. Es sei denn, ein Glücksfall beschert ihm einen Partner, der es fertigbringt, ihn gebührend anzuhimmeln. Schlichtweg naiv wäre es aber, ernsthaft zu erwarten, daß ein Königsgesicht in einer festen Beziehung jemals auf erotische Seitensprünge verzichten würde.

Männliches Königsgesicht

Weibliches Königsgesicht

Erdgesicht und Berggesicht

Das Erdgesicht ist gekennzeichnet durch seine mimikreiche Gesichtsmuskulatur. Während die Stirn relativ schmal ausfällt, ist die Kinnpartie breit und kantig. Die Wangenknochen sind betont.

Das Erdgesicht ist charakterlich eine etwas chaotische Erscheinung. Kein Wunder, hat es doch oft in seiner Jugend Schweres durchzumachen gehabt. Vielleicht mußte es ohne Liebe im Heim aufwachsen. Da Mißachtung das Schlimmste ist, was ihm passieren kann, reagiert es bei Problemen heftig, ja mitunter sogar exzessiv: Mit Schimpfen und Beleidigungen, ja oftmals mit roher Gewalt setzt es seine vermeintlichen Rechte durch. Bedauerlicherweise hat es auch nicht gelernt, Freundschaften aufzubauen.

Ein positiver Aspekt im Charakter des Erdgesichts ist seine große Wißbegier und die Fähigkeit, darauf zu warten, daß man ihm eine echte Chance gibt. Sein großes Energiepotential wird das Erdgesicht einzig und allein dazu verwenden, Macht zu erlangen. Sein Tatendrang entspricht nicht natürlichem Karrierestreben, sondern einer gewissen Herrschsucht und Ichbezogenheit.

Vergleichsweise positiv verläuft die Karriere des weiblichen Erdgesichts. Sein Rund-um-die-Uhr-Einsatz resultiert vor allem aus dem Wunsch, sich durch ein finanzielles Polster Ansehen zu verschaffen. Aber niemand kann ihm unterstellen, daß es nicht ernsthaft davon überzeugt ist, daß es dieses Ansehen auch redlich verdient hat.

Die Partnerbeziehung eines Erdgesichts kann man als hochexplosiv bezeichnen. Starke Auseinandersetzungen sind an der Tagesordnung. Sie bleiben nur dann im Rahmen des Erträglichen, wenn der Partner sich allen Entscheidungen des Erdgesichts unterwirft. Treffen aber zwei Erdgesichter in Liebe aufeinander, können sie die Welt verändern. Unisono werden sie am gemeinsamen Aufstieg tüfteln – und ihn vermutlich auch schaffen. Besieht man sich

Weibliches Erdgesicht

Familie Neureich einmal genauer, kann es gut sein, daß man es mit zwei Erdgesichtern zu tun hat.

Das Berggesicht unterscheidet sich vom Erdgesicht optisch im wesentlichen durch seine extrem schmale Stirnpartie. Die Kieferregion ist etwa gleich ausgeprägt wie beim Erdgesicht.

Gemeinsam sind beiden Gesichtstypen die wenig erfreuliche Jugend, Schwierigkeiten in der Familie und ein gewisses Unvermögen, Freunde zu gewinnen.

Das Berggesicht kann durchaus positive Seiten entwickeln, wenn es in seinen Grundzügen akzeptiert wird. Es verlangt danach, in seinen Leistungen gebührend respektiert und geachtet zu werden. Man sollte sich allerdings davor hüten, ein Berggesicht ernsthaft zu kritisieren: Seine Aggressivität kennt dann keine Grenzen mehr und richtet sich gegen jeden und alles. Höchst selten wird man das Berggesicht in fröhlicher Gesellschaft antreffen – nicht weil es so gern allein ist, sondern weil es seinem Naturell widerspricht, im Mittelpunkt zu stehen oder viel Geschwätz um nichts zu machen. Beruflich teilt das Berggesicht das gleiche Schicksal wie ein Erdgesicht.

Eine Beziehung wird das Berggesicht nur eingehen, wenn sie ihm, so unromantisch das klingen mag, einen gewissen finanziellen Wohlstand verspricht. Sein ewiges Streben nach Macht und einem sorgenfreien Leben sollte vom Partner unterstützt werden. Wenn das Erdgesicht weiß, daß jemand hinter ihm steht, wird es sogar das Äußerste versuchen, um sein privates Glück und das seiner erstaunlich großen Kinderschar zu wahren.

Männliches Erdgesicht

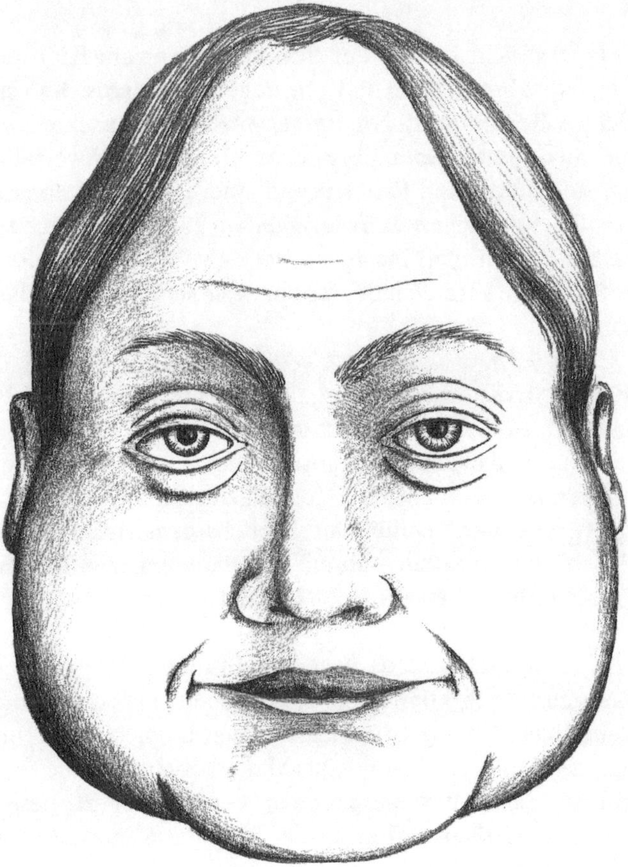

Berggesicht

Mauergesicht

Das Mauergesicht ist von der Stirnpartie bis zum Kinn extrem niedrig, dabei breitflächig und gedrungen. Mauergesichter stehen mit beiden Beinen im Leben und können hart zupacken, wenn's darauf ankommt. Aber ihre charakterliche Schwerfälligkeit schlägt sich oft auch in Faulheit und einer gewissen Lebensangst nieder. Zu ernstlichen Schwierigkeiten kann es beispielsweise dadurch kommen, daß ihr angeborenes Mißtrauen sie bisweilen außer Kontrolle geraten läßt – wodurch sie schlimmstenfalls sogar den guten Ton vergessen.

Die Fähigkeit, die durchaus vorhandenen Ideen auch in die Praxis umzusetzen, ist diesem Charakter zumeist nicht eigen. Vielleicht liegt das daran, daß das Mauergesicht geneigt ist, stets nach einem ultimativen Beweis für seine Fähigkeit zu suchen. Um es nicht zu sehr zu verunsichern, sollte man sich bei einem Mauergesicht mit Kritik sehr zurückhalten – zumal es keinen einzigen handfesten Beweis gibt, daß es daraus einen Nutzen ziehen würde.

Von Autorität halten Mauergesichter absolut nichts; weder üben sie diese aus, noch können sie sie ertragen. Da sie einen recht wankelmütigen Charakter besitzen, bleibt fraglich, ob berufliche Erfolge von Dauer sind. Sollte das Mauergesicht aber die Einsicht aufbringen, sich auf seine kreative Veranlagung zu besinnen, könnte es als Medienstar Furore machen oder wenigstens leidlich bekannt werden.

Wer hingegen von einem Mauergesicht Disziplin und Weitsicht erwartet, dürfte bitter enttäuscht werden. Überdies besteht bei ihm permanent die Gefahr, daß es seinen Kram plötzlich hinwirft und das Weite sucht.

In der Unfähigkeit, seine Gefühle auszudrücken, liegt wahrscheinlich die Ursache dafür, daß das Mauergesicht von einer privaten Katastrophe in die nächste schlittert. Da es von Liebesschwüren und roten Rosen rein gar nichts hält, sind Konflikte in der Partnerschaft nur schwer zu lösen. Dieser Charakter wird stets dazu tendieren, sich eher bei einer oder einem anderen Geliebten bitter über sein Schicksal zu beklagen, als aktiv an der Beziehung zu arbeiten.

Wer mit einem Mauergesicht zurechtkommen will, wird sich damit abfinden müssen, daß sein Liebesleben recht konservativ verläuft und erotische Träume an einer Mauer zu zerschellen drohen.

Mauergesicht

Asymmetrisches Gesicht

Die meisten Menschen besitzen einige asymmetrische Gesichtszüge. Sehr verbreitet ist zum Beispiel eine unregelmäßig geformte Nase, die nach chinesischer Gesichtsdeutung als Signal für emotionale Schwäche anzusehen ist. Sehr selten indes trifft man eine Asymmetrie in Reinkultur: Die eine Gesichtshälfte ist länger und/oder breiter als die andere, oder der Mund ist schief, die Nase krumm.

Nach *Siang Mien* sollte man um solche Menschen mit deutlich asymmetrischem Gesicht tunlichst einen Bogen machen, denn diese Optik verheißt wenig Gutes. Schon gar nicht, wenn charakterliche Merkmale darauf schließen lassen, daß die äußere Unregelmäßigkeit der Spiegel einer inneren Unregelmäßigkeit ist.

Es ist ganz offensichtlich, daß von asymmetrischen Gesichtern oftmals eine große Faszination ausgeht. Sie scheinen eine Aura von Luxus um sich zu verbreiten. Bei genauerem Hinsehen könnte sich dies allerdings als ein Versuch erweisen, von ihrer Mittelmäßigkeit abzulenken.

Niemand sollte jedoch glauben, das asymmetrische Gesicht wäre nicht klug. Es beherrscht alle Tricks, wenn es darum geht, andere für seine Zwecke einzuspannen, und kann sehr nachtragend, ja sogar rachsüchtig werden, wenn man ihm Unlauteres unterstellt. Daß Menschen mit unregelmäßigen Gesichtern Karriere machen und sich in späteren Jahren auf einem dicken finanziellen Polster räkeln, ist sehr wahrscheinlich.

Beruflich sind unregelmäßige Gesichter überall dort gut aufgehoben, wo ihr untrügliches Gespür für alles Neue gut zum Zuge kommt: im Journalismus beispielsweise oder in der Trendforschung. Ein gewisses Maß an Streß und Action schadet ihnen nicht: Es kann ihre reichlich vorhandene körperliche Energie in die richtigen Bahnen lenken. Nur sollte man vermeiden, einem asymmetrischen Gesicht Verantwortung aufzubürden oder es gar festzunageln. Es wird sich mit seinem entwaffnenden Charme aus der Affäre ziehen und es anderen überlassen, seine Schnitzer wieder auszubügeln.

Asymmetrische Gesichter besitzen ein stark ausgeprägtes Gefühlsleben und können unglaublich rücksichtsvoll, zärtlich und verträglich sein, selbst wenn sie dabei zu kurz kommen sollten. Da Liebe ihr schönstes Hobby zu sein scheint, stürzen sie sich mit Euphorie in amouröse Abenteuer. Eine Beziehung wird schnell zum Mittelpunkt ihres Lebens. Und mit der nächsten wird es nicht anders sein. Denn niemand weiß besser als das asymmetrische Gesicht selbst, daß es für die Ehe denkbar ungeeignet ist.

Asymmetrisches Gesicht

Die Stirn

Die Stirn ist nicht nur prägend für das optische Erscheinungsbild eines Gesichts, sondern zugleich eine Art Schaufenster der Gedanken und der Intelligenz. Zur präziseren Deutung unterteilt *Siang Mien* die Stirnpartie in drei Ebenen. Jede dieser Ebenen verkörpert einen anderen Aspekt des menschlichen Geistes.

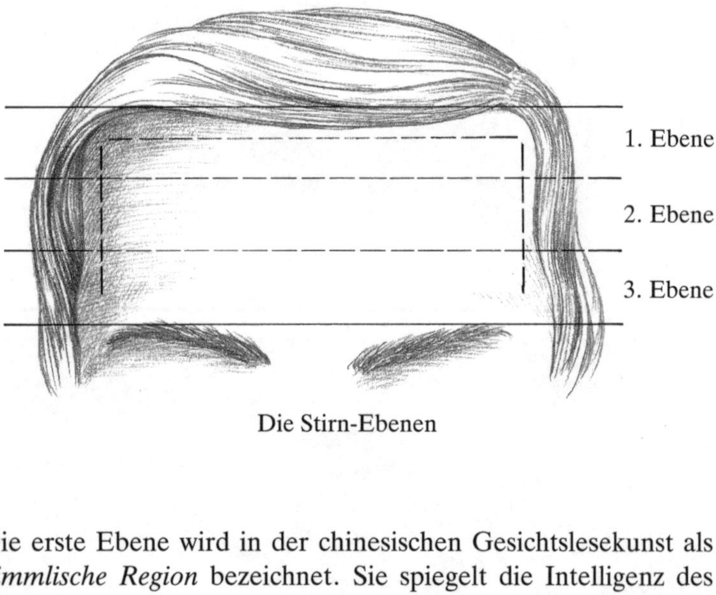

Die Stirn-Ebenen

Die erste Ebene wird in der chinesischen Gesichtslesekunst als *himmlische Region* bezeichnet. Sie spiegelt die Intelligenz des Menschen, seine Fähigkeit zu logischem Denken als eine von Gott geschenkte Gabe. Was der einzelne aus dieser Gabe macht, wird sein weiteres Schicksal bestimmen.

Die zweite Ebene ist die *menschliche Region*. In ihr prägt sich ein, was der Mensch durch Erziehung und Erfahrung dazugelernt hat. Auch die ihm anerzogenen moralischen Kategorien finden hier ihren Niederschlag.

Die dritte Ebene schließlich ist die *irdische Region*. Sie ist der Sitz aller aus Erfahrungen resultierenden Intuition.

Diese drei Regionen repräsentieren zugleich bestimmte Lebensabschnitte: die himmlische Region die ersten dreißig Lebensjahre, die menschliche Region den Abschnitt zwischen dem dreißigsten und dem sechzigsten Lebensjahr und die irdische Region die letzte Lebensphase.

Man sagt, nach den ersten dreißig Jahren zeigen sich die ersten Falten. Auch sie sind wichtige Zeichen. So gelten nach chinesischer Überlieferung zwei oder drei waagerechte Stirnfalten als Indiz für Glück. Liegt eine einzelne Falte ziemlich hoch, wird sie als Zeichen für intellektuelle Fertigkeiten angesehen. Eine niedriger liegende Falte deutet man als Zeichen eingeschränkter geistiger Aktivitäten.

Noch wichtiger aber ist die allgemeine Beschaffenheit der drei Ebenen. Sie können glatt und flach oder gut ausgeprägt und gewölbt sein. Von der Idealform einer Stirn spricht man, wenn sie glatt, in allen drei Ebenen gleichmäßig gewölbt und großzügig sowohl in der Höhe als auch in der Breite ist. Eine gute Stirn gilt zugleich als ein gutes Kapital, das man für sich nutzen kann.

Neben den einzelnen Stirnformen wollen wir im folgenden auch die markantesten Formen des Haaransatzes betrachten. Denn der Haaransatz ist die Verlängerung der Stirn. *Siang Mien* spricht von einer unendlichen Zahl unterschiedlicher Haaransatz-Variationen. Wir möchten uns die fünf wichtigsten etwas genauer anschauen.

Breite Stirn

Ist die Stirn breit, wird sich dahinter vermutlich ein breites Wissensspektrum verbergen. Ein Mensch mit dieser Eigenheit kann getrost jedem die Stirn bieten, denn ein scharfer Verstand braucht nicht zu zögern, Herausforderungen anzunehmen.

Hervorstechend sind die geistigen und ideellen Werte der breiten Stirn. Solche Menschen treten unnachgiebig für ihre eigenen und die Rechte anderer ein. Sehr zugute kommt ihnen dabei ihr rhetorisches Geschick und ihr Talent, sich blitzschnell auf jede neue Situation einzustellen. Wenn es darum geht, die Wahrheit aufzudecken, werden sie bisweilen geradezu maßlos und schrekken auch vor nachteiligen Konsequenzen nicht zurück. Was nicht heißen soll, daß sie bei allem Eifer die gute Erziehung, die sie genossen haben, auch nur ansatzweise vergessen könnten.

Einer besonderen Betrachtung wert ist die breite Stirn mit tiefliegendem Haaransatz. Hier haben wir es mit einem Theoretiker zu tun, der nur in Ausnahmefällen wirklich fähig ist, sein Wissen praktisch zu nutzen. Im Extremfall könnte dieser Mensch faul, energielos, ja sogar dumm sein. Auch ein völliger Mangel an jeglichem Gerechtigkeitssinn könnte ihn bestimmen.

Oft belastet das Schicksal einen solchen Menschen mit einer Familie, die in extremem Maße seelische und finanzielle Unterstützung fordert. Die seiner Meinung nach ungerechten Ansprüche tragen häufig zur Verbitterung seines Wesens bei. Vielleicht dürfte hier der Grund für die Unausgeglichenheit dieses Charakters liegen, dessen negative Ausstrahlung durch sein krankhaftes Mißtrauen noch verstärkt wird.

Noch ärger wird's, wenn der tiefliegende Haaransatz auf eine breite, aber niedrige Stirn trifft. Zu den genannten negativen Tendenzen gesellen sich dann oft noch Symptome wie emotionaler und finanzieller Geiz.

Das soll aber nicht bedeuten, daß jedem Menschen mit tiefliegendem Haaransatz ein solch trauriges Los beschieden ist: Dieser praktisch veranlagte Mensch kann sich durch sein angeborenes handwerkliches Geschick ein gutes Fundament schaffen.

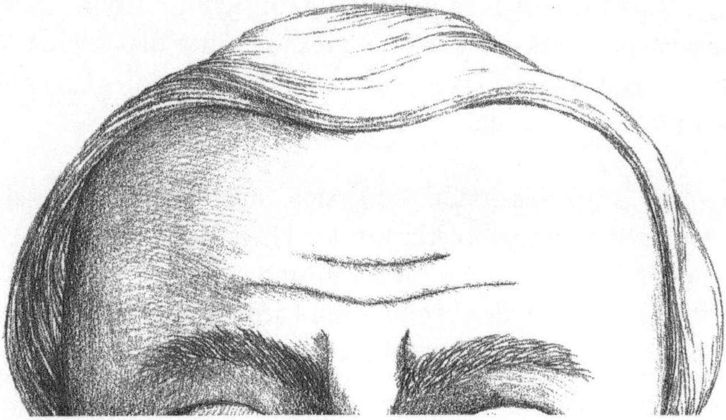

Breite Stirn

Breite Stirn mit tiefliegendem Haaransatz

Schmal zulaufende Stirn

Diese Stirnform gilt nach *Siang Mien* als höchst ungünstig. Die schmale Stirn steht für Engstirnigkeit und Pessimismus. Die Tendenz zur gedanklichen und emotionalen Chaotik scheint diesem Wirrkopf bereits in die Wiege gelegt. Seine Urteilsfähigkeit ist ungenügend, sein Handeln wenig umsichtig. Möglicherweise leidet dieser Charakter selbst am meisten unter dieser Last – was auch erklären könnte, warum sich Menschen mit dieser Stirn meist so wenig zutrauen.

Positivere Konstellationen tun sich auf, wenn die schmal zulaufende Stirn einen hochliegenden Haaransatz aufweist. Denn dann steckt zumindest eine Menge Klugheit dahinter. Sinnfälliges Beispiel hierfür sind die sogenannten Eierköpfe, die sich mit Witz und Charme durchs Leben schlagen.

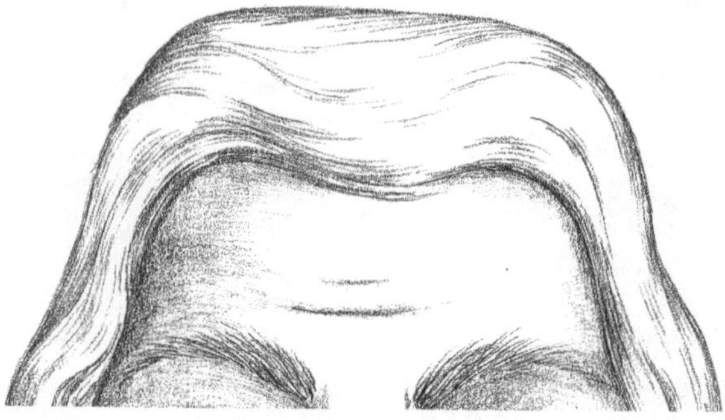

Schmal zulaufende Stirn

Hohe und spitz zulaufende Stirn

Eine solche Stirn, die im günstigsten Fall einen hochliegenden Haaransatz aufweist und glatt und wohlgeformt erscheint, läßt auf hohe Intelligenz, Sorgfalt und entschlossenes Handeln schließen.

Hinter dieser typischen Denkerstirn steckt erfahrungsgemäß tatsächlich meist ein kluger Kopf. Sehr häufig findet sich diese Stirnform bei Wissenschaftlern und Gelehrten.

Menschen mit einer solchen Stirn werden sich in der Regel erst nach reiflicher Überlegung zu einem Entschluß durchringen. Ihre Fähigkeit, Unwichtiges einfach zu ignorieren, macht es ihnen leicht, fast immer die richtige Entscheidung zu treffen.

Menschen mit hoher Stirn wirken zwar manchmal etwas eigenbrötlerisch, sind aber durchaus aufgeschlossen und von großer Toleranz ihren Mitmenschen gegenüber geprägt.

Hohe und spitz zulaufende Stirn

Niedrige Stirn

Die niedrige Stirn deutet auf eine problembeladene, konfliktreiche Kindheit und Jugend hin. Es dürfte für diese Menschen von Vorteil sein, wenn sie sich möglichst früh bewußtmachen, daß sie auf fremde Hilfe nicht bauen können.

Ihre von Grund auf konservative Erziehung läßt sie häufig allzusehr an Traditionen festhalten. Es ist für sie daher nicht gerade leicht, Neues anzunehmen.

Auch über ihre Gefühle zu reden, bereitet ihnen manchmal Schwierigkeiten. Ihrem Charakter ist es angemessener, sich schriftlich mitzuteilen.

Als sehr positiv können sich ihre Genügsamkeit und ihre Fähigkeit erweisen, das Beste aus den gegebenen Voraussetzungen zu machen und die Grenzen des Machbaren zu akzeptieren. Ihr Realitätssinn bewahrt sie zudem davor, abgrundtief enttäuscht zu werden.

Niedrige Stirn

Flache oder nach innen gewölbte Stirn

Menschen mit flacher Stirn tun sich schwer damit, Entscheidungen zu treffen. Daß diese zögerlichen Charaktere dennoch dazu neigen, sich auf selbständige Geschäfte einzulassen, impliziert hohe Risiken. Andererseits fällt es ihnen auch schwer, Anweisungen von Vorgesetzten zu akzeptieren. Ihre ständige Rechthaberei und der Hang, sich in alles und jedes einzumischen, macht sie oft zu Einzelkämpfern. Hinzu kommt, daß Menschen mit flacher oder nach innen gewölbter Stirn stark schwankende Moralvorstellungen haben.

Diese negativen Aspekte verbieten es, die Flachgestirnten als besonders liebenswert zu bezeichnen. Doch sollten diese Menschen es schaffen, ihre beneidenswerte Phantasie und ihre Ideen in die Tat umzusetzen, ist ihnen der Erfolg sicher!

Flache Stirn

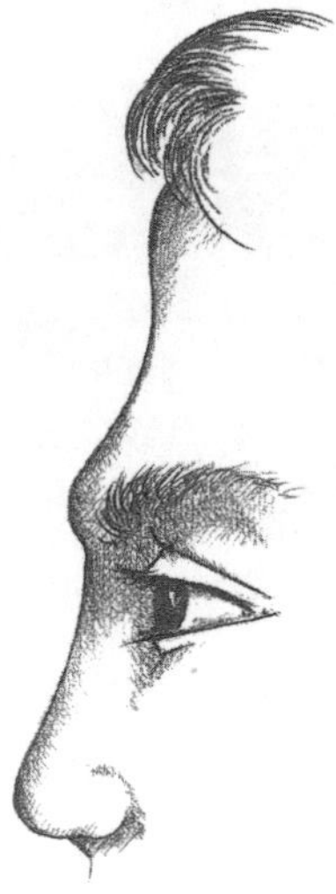

Nach innen gewölbte Stirn

Glatte oder gerundete Stirn

Nach chinesischer Deutung ist die günstigste Stirnform überhaupt die glatte oder gerundete. Klares Denken, Klugheit und der Mut zu entschlossenem Handeln zeichnen diese Stirn aus. Sie besitzt das hervorragende Talent, im richtigen Moment am richtigen Platz zu sein. Dieser Charakter gilt als anpassungsfähig und flexibel, ohne sich dabei in unakzeptablen Kompromissen zu verzetteln. Allerdings besteht die Gefahr, daß sich diese Menschen von ihrer eigenen Brillanz blenden lassen, was ihnen eine gewisse Hochnäsigkeit verleiht.

Sowohl im Privatleben als auch im Beruf braucht dieser Stirntyp kaum je einen Mißerfolg einzustecken. Dies ist um so sicherer, als er dank seiner Flexibilität für alles Neue aufgeschlossen ist und es ihm nie in den Sinn käme, sich auf seinen Lorbeeren auszuruhen.

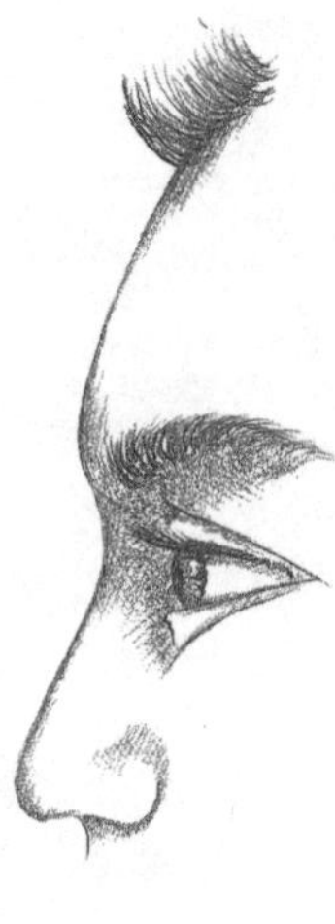

Glatte Stirn

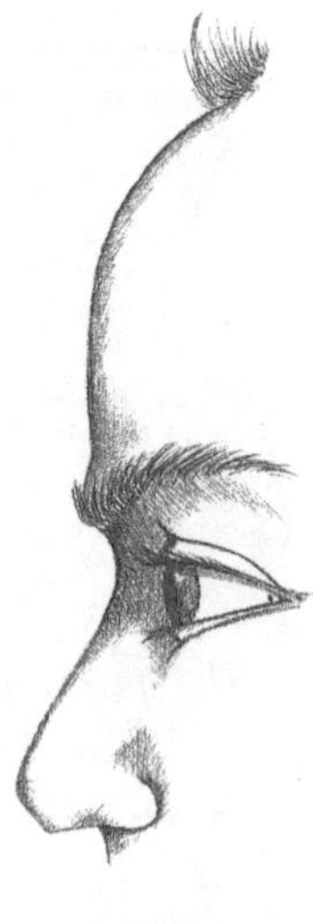

Runde Stirn

Bogenförmiger Haaransatz

Ein solcher Haaransatz läßt auf ein ganzes Bündel exzellenter Eigenschaften schließen, deutet aber zuallererst auf einen rein ökonomisch orientierten Menschen. Dank seiner hervorragenden Urteilskraft und Arbeitsmoral eignet er sich vor allem für Führungspositionen in der Wirtschaft.

Menschen mit bogenförmigem Haaransatz sind oft berühmt, manchmal auch berüchtigt – auf jeden Fall außerordentlich erfolgreich. Sie gehören zu den Charakteren, die eigentlich gelassen auf ihre Erfolge zurückblicken dürften, es jedoch selten tun, da sie ständig darum bemüht sind, neue Impulse aufzugreifen. Ihr in sich ruhendes Wesen, das ihnen eine gewisse Unkonventionalität verleiht, wird sie Fairneß und Verständnis gegenüber Mitmenschen und Untergebenen aufbringen lassen.

Dies alles gilt für Frauen ebenso wie für Männer. Auch Frauen mit bogenförmigem Haaransatz findet man häufig in führenden Positionen. Auch gibt es bei ihnen einen deutlichen Hang zur beruflichen Selbständigkeit.

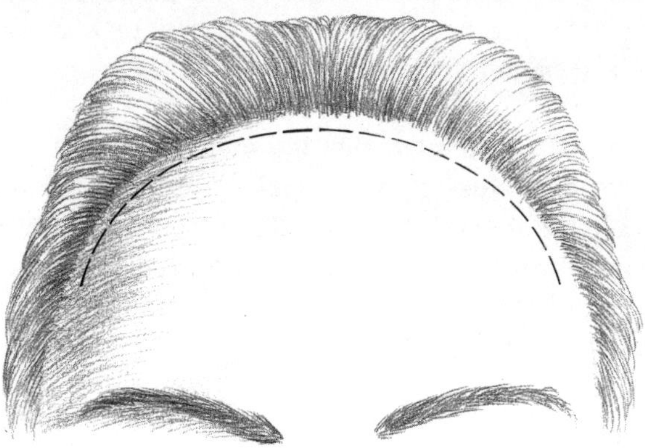

Bogenförmiger Haaransatz

V-förmiger Haaransatz

Tradition, Wendigkeit, Instinkt – diese oftmals erblich bedingten Anlagen scheinen das Leben von Menschen mit V-förmigem Haaransatz zu beherrschen. Durch ihre konventionelle Erziehung wird es ihnen ohne Schwierigkeiten gelingen, sich in eine hierarchische Ordnung einzufügen. Dies macht es ihnen in einigen Lebensbereichen – und auch in manchen Berufen – besonders leicht, eine große Akzeptanz zu erlangen.

Allerdings kann sich dieser Charakter, weil er etwas unbeständig ist und viele Dinge gleichzeitig tut, finanziell leicht verzetteln. Dies aber gefährdet sein Bestreben, Geld zu scheffeln, ganz und gar nicht.

Frauen mit V-förmigem Haaransatz tun sich manchmal schwer, ihre Ziele und Gefühle in Einklang zu bringen. Vielleicht ist das ein Grund dafür, daß sie im Beruf fast zwanghaft auf Konfrontationskurs gehen.

Beide Geschlechter besitzen ohne Frage viel Erotik und Sinnlichkeit. Schon ihre Ausstrahlung läßt diesbezügliche Qualitäten erahnen. Bei Männern mit diesem Haaransatz lassen sich oft viele feminine Attribute beobachten, was aber ihre Männlichkeit in keiner Weise beeinträchtigt.

Nach *Siang Mien* könnten sich die ersten beiden Ehejahre für Frauen wie ein Horrorfilm abspielen. Sie sind dazu erzogen worden, die traditionelle Frauenrolle anzunehmen, tun sich aber, wenn es ernst wird, schwer, sich damit abzufinden. Ist diese Phase aber ohne größere seelische Schäden überstanden, wird die Verbindung ein Dauerbrenner.

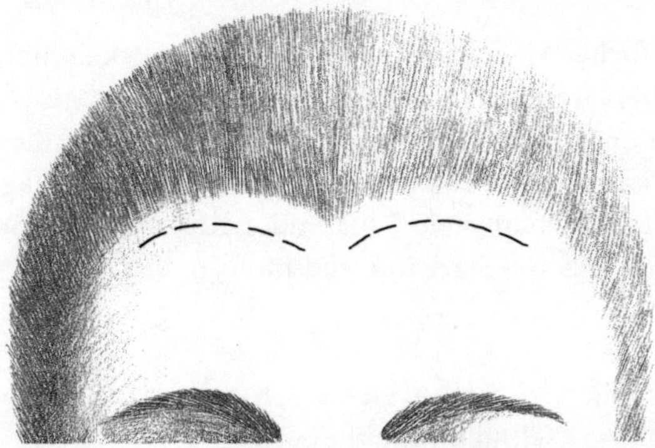

V-förmiger Haaransatz

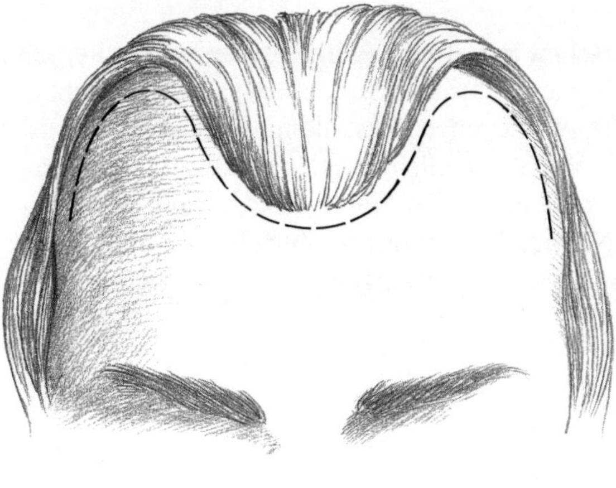

M-förmiger Haaransatz

M-förmiger Haaransatz

Auf berufliche Machtpositionen haben es Menschen mit M-förmigem Haaransatz in den seltensten Fällen abgesehen. Vielmehr werden sie ihre Erfüllung in der Kreativität finden. Sollten diese Menschen eine künstlerische Laufbahn einschlagen – beispielsweise als Schauspieler, bildender Künstler oder Schriftsteller –, unterstützen Scharfsinn und philosophische Interessen die Karriere.

Ihr gefühlvoller, zärtlich-weicher Charakter macht diese Menschen zu ausgezeichneten Liebhabern.

Dreibogiger Haaransatz

Dieser Haaransatz ist nicht sehr verbreitet – glücklicherweise, sollte man vielleicht sagen. Denn ihm werden denkbar ungünstige Prognosen zugeschrieben.

Für Menschen mit dreibogigem Haaransatz sind große Anstrengung und eiserne Disziplin, auch sich selbst gegenüber, nötig, um einen zumindest zufriedenstellenden Lebensstandard zu erreichen. Die Wahrscheinlichkeit, daß sie ab dem dreißigsten Lebensjahr gesundheitliche Probleme bekommen, ist ebenso gegeben wie die Notwendigkeit, nur mit harter körperlicher Arbeit einen gewissen Komfort zu erlangen.

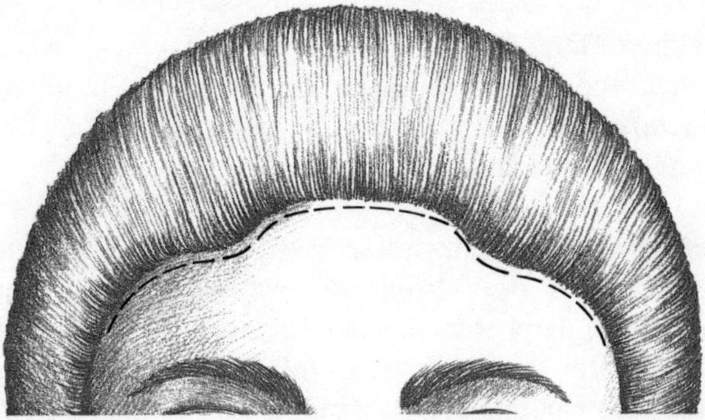

Dreibogiger Haaransatz

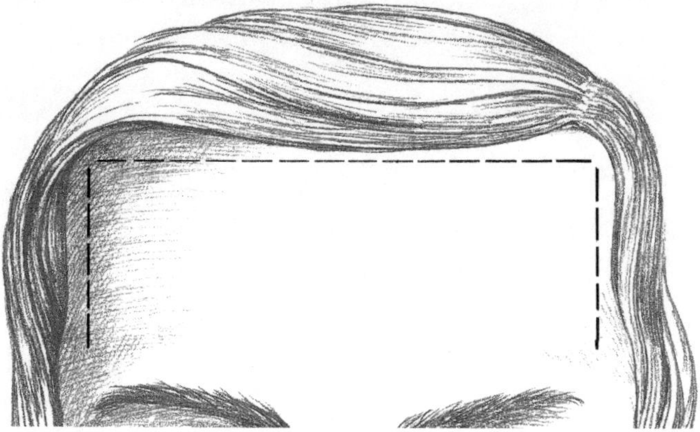

Eckiger Haaransatz

Eckiger Haaransatz

Einen eckigen Haaransatz findet man überwiegend bei Männern, bei Frauen nur ausnahmsweise. Zuverlässigkeit und Gründlichkeit gehören ebenso zu diesem Charakter wie die Neigung, ein Leben lang engen Kontakt zur Familie zu pflegen.

Im Beruf bevorzugen sie instinktiv jene Tätigkeiten, in denen sie weisungsgebunden sind. Wenn sie wider Erwarten Karriere machen sollten, dann stets mit der Erwartung im Hintergrund, daß man sie dafür auch belohnen wird. Bleibt die Anerkennung aus, schlägt die Energie dieser Menschen leicht in Depressionen um.

Speziell für Menschen mit eckigem Haaransatz dürfte ein alter chinesischer Ratschlag von Wert sein: Ändere deine Frisur, dann wird sich auch dein Schicksal zum Besseren wandeln.

Die Augenbrauen

Ein Blick auf die Augenbrauen wird uns eine Menge über die allgemeine Konstitution, die gegenwärtige Verfassung, über die Hoffnungen und Ziele eines Menschen offenbaren. Und auch darüber, wie dieser Mensch seine Ziele verfolgt – ob sein Weg geradlinig und zielgerichtet ist oder als stressiger Hindernisparcours verläuft.

Die Form der Brauen und ihr Winkel zueinander sind für eine Deutung ebenso interessant wie der Brauenabstand. Anhand des Abstands zwischen den Augenbrauen kann ein geübter Beobachter zum Beispiel etwas über den Energiepegel eines Menschen und den Grad seiner Anziehung – auch der sexuellen – erfahren. Die Augenbrauen sind – gleichgewichtig mit den Augen – ein Spiegel der inneren Harmonie, des Willens, der Energie, der Handlungsfähigkeit und der Entschlußkraft des Menschen.

So selten wie perfekte Gesichtszüge sind perfekte Augenbrauen. Häufig sind sie asymmetrisch. Ist die linke Braue etwas kräftiger geraten als die rechte, läßt das auf enormes Durchsetzungsvermögen schließen. Ist dagegen die rechte ausgeprägter, schiebt der betreffende Mensch Entscheidungen gern auf die lange Bank.

Nach chinesischer Deutung vermutet man hinter sehr kurzen Augenbrauen – unabhängig von Form, Dichte und farblicher Beschaffenheit – einen pessimistischen und sturen Charakter, der in der Kindheit nicht gerade mit Liebe verwöhnt worden ist. Erfahrungsgemäß geraten diese Menschen mit geradezu schicksalhafter Regelmäßigkeit von einer Krise in die nächste, und auch die Gefahr eines frühen Todes kann nicht ausgeschlossen werden.

Sind die Brauen sehr lang, stehen wir fast immer einem freundlichen, gewinnenden Wesen gegenüber, dessen Sehnsucht nach Liebe und Geborgenheit beschützerische Instinkte wachzurufen vermag. Nie ganz frei geworden von seiner engen Bindung ans Elternhaus, wird dieser sensible Charakter allerdings einige Probleme in der Partnerschaft haben.

Sollten – was ungefähr so häufig vorkommt wie ein Sechser im Lotto – beide Brauen in der Form völlig identisch und ebenmäßig im Wuchs sein, glänzend und kräftig (der Abstand zwischen Augen und Brauenmitte hat im Idealfall die Breite eines flach aufgelegten Fingers), wird dieser Mensch nach *Siang Mien* «gerecht und weise» sein.

Bevor man die Augenbrauen deutet, muß man die ursprüngliche Form erkennen. Dies gilt besonders bei Frauen, die aus modischen Gründen die Brauen zupfen, färben oder übermalen. Mit den Augenbrauen versucht man – meist unterschwellig – auch die Persönlichkeit zu ändern: Man will bestimmte Charaktereigenschaften kaschieren und andere hervorheben. Es ist interessant zu beobachten, daß in einigen Fällen die äußere Veränderung tatsächlich auch das Wesen eines Menschen verändert: Das Selbstbewußtsein wird gestärkt, was zu einer Stabilisierung der inneren Harmonie führt.

Die Augenbrauen lassen auch Rückschlüsse auf den Gesundheitszustand zu. So liegt einem Ausfall der Brauenhaare zum Beispiel häufig eine Störung der Nierenfunktion zugrunde.

Dünne Augenbrauen

Dünne Augenbrauen stehen für Disziplin und Ordnung. Häufig artet das starre Festklammern an Grundsätzen und Regeln zum Zwang aus und wird Menschen mit dünnen Brauen eher fünf Schritte zurück als auch nur einen einzigen vorwärts bringen.

Dieser Charakter scheint Schicksalsschläge geradezu herbeizubeschwören. Daß er sich bei Konflikten am liebsten unsichtbar

Dünne Augenbrauen

machen würde, verstärkt seine Probleme. Im besten Fall wird er nicht vollends verzweifeln, sondern die eigene Kritiksucht und Selbstherrlichkeit als Ursache seiner Schwierigkeiten erkennen.

Das soll aber nicht heißen, daß Menschen mit dünnen Brauen im Leben keine wirklichen Chancen hätten. Da sie ein hohes Maß an Tüchtigkeit und Ordnungssinn besitzen, können sich im mittleren Alter – meist zwischen fünfunddreißig und vierzig – durchaus Erfolge abzeichnen.

Eine überraschend günstige Wende tritt ein, wenn sie entdecken, daß ihr Lächeln von anderen nur zu gern erwidert wird. Diese Menschen sind glücklich in einer festen Beziehung und haben ein ausgesprochenes Talent fürs Familienleben. Vielleicht fällt es ihnen aber zuweilen etwas schwer, sich für Sex zu begeistern.

Dünne-Brauen-Frauen, die sich mittels der Schminkkunst die Brauen verbreitern, sollten sich nicht allzusehr darauf verlassen, daß sich durch die aufgemalte Selbstsicherheit das Leben immer austricksen läßt.

Dichte Augenbrauen

Menschen mit dichten Augenbrauen sind großzügig und agieren recht emotionell. Sie haben unbestreitbar einen Hang zu Späßen, aber auch Abenteuern und Action sind sie nicht abgeneigt. Neue Anregungen vermögen sie spontan für ihr eigenes Fortkommen zu nutzen. Allerdings ist es mit ihrem Fleiß nicht weit her, weil sie Kleinkram einfach hassen.

Karriere wird oft schon in jungen Jahren gemacht, aber später ohne Reue zugunsten anderer Interessen wieder aufgegeben. Gute Ideen scheinen Menschen mit dichten Brauen in Fließbandarbeit zu produzieren – und bisweilen besitzen sie sogar die Geduld, sie umzusetzen.

Dieser Typus ist leidenschaftlich und enthusiastisch und pausenlos auf der Suche nach Geborgenheit. Tatsächlich aber wird er selten eine dauerhafte Partnerbeziehung eingehen.

Frauen, die ihre dichten Brauen ausdünnen, tun dies aus rein kosmetischen Gründen. Ihre glückliche Zufriedenheit bedarf nämlich keiner Korrektur.

Nach chinesischer Deutung erfreuen sich Menschen mit auffallend dunklen dichten Brauen einer blendenden gesundheitlichen Konstitution.

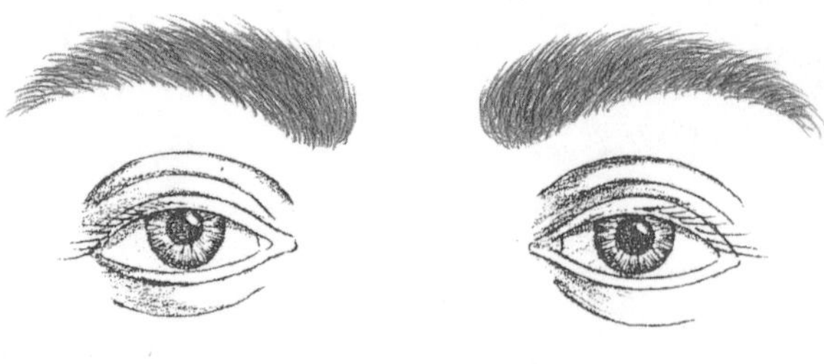

Dichte Augenbrauen

Geringer Brauenabstand

Ist der Abstand zwischen den Augenbrauen gering, verrät dies den spontanen, zur Sprunghaftigkeit neigenden Menschen. Sein sehr souveränes Auftreten könnte sich als Mogelei entpuppen, die nur die eigene Unsicherheit kaschieren soll. Doch wird es diesem aktiven Charakter nie einfallen, sich Herausforderungen nicht zu stellen. Er glaubt unerschütterlich daran, alles erreichen zu können – und unerwarteterweise scheint es ihm häufig auch zu gelingen.

Weniger positiv verlaufen die Partnerbeziehungen. Es besteht die ständige Gefahr, daß die latente Eifersucht dieser Menschen ihnen mehr Leid als Liebe bescheren wird.

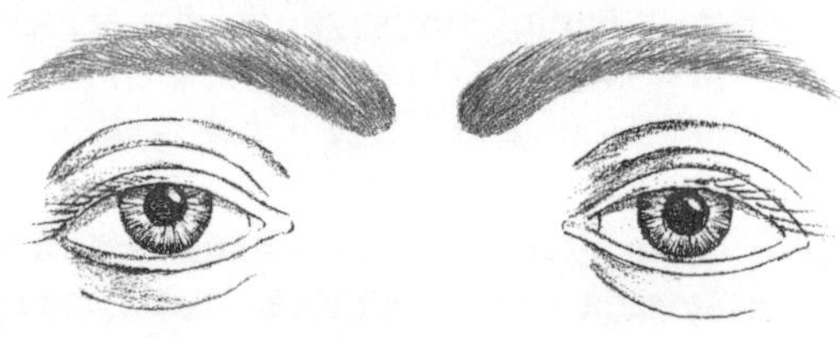

Geringer Brauenabstand

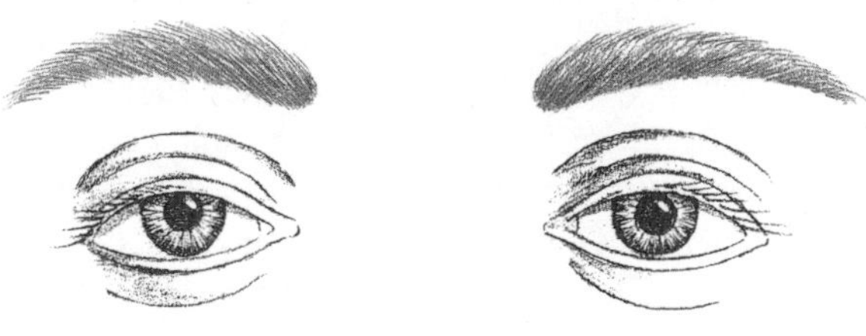

Weiter Brauenabstand

Weiter Brauenabstand

Ein weiter Abstand zwischen den Augenbrauen ist Zeichen für Zögerlichkeit. Dieser Charakter, mit einer beneidenswerten Geduld gesegnet, braucht nicht viel dazuzutun, um bei jedermann beliebt zu sein. Seine Geduldigkeit und seine Einfühlsamkeit prädestinieren ihn dazu, sich sozial zu engagieren.

Allerdings wird es diesem Typus nur in Ausnahmefällen gelingen, sich durchzusetzen. Unzureichendes Selbstvertrauen ist seine große Schwäche. Selbst wenn ihm der berufliche Aufstieg in eine hohe Position gelingt, wird er sich des Erfolges nie sicher sein. Wenn ihm das bewußt ist, hat er durchaus gute Karriereaussichten.

Im privaten Bereich wendet sich dieser Charakter häufig einem Verein oder einer anderen Gruppe zu, da dies seinem sozialen Empfinden am ehesten entspricht oder da er instinktiv fühlt, daß seine Unsicherheit hier am leichtesten zu überspielen ist.

Menschen mit weitem Brauenabstand sehnen sich oft nach einer aufrichtigen Partnerschaft, sind aber meist so schüchtern, daß sie vor Sex zurückschrecken.

Zusammengewachsene Brauen

Nach chinesischer Überlieferung verheißen zusammengewachsene Brauen erhebliche Probleme. Es handelt sich in der Regel um charakterlich sehr sensible Gemüter, in deren Gegenwart uns häufig ein schlechtes Gewissen beschleicht, weil sie sehr schnell beleidigt sind und sich alles unnötig zu Herzen nehmen. Mit einer ihnen zugefügten Kränkung – selbst wenn diese nur ihrer Einbildung entspringt – vermögen sie sich ein Leben lang herumzu-

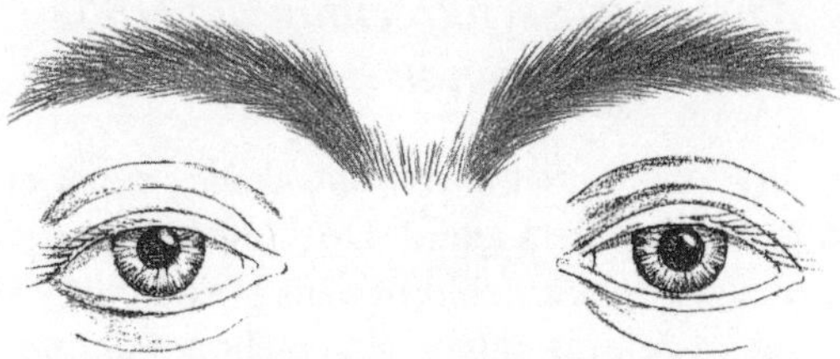

Zusammengewachsene Brauen

quälen. Bei diesen Menschen ist ein deutlicher Hang zu Depressionen vorhanden, der sich bei genauerem Hinsehen nicht wirklich begründen läßt. Im Extremfall führt ihr Rückzug in sich selbst zu langwierigen psychosomatischen Leiden.

Auch wenn alle diese wenig positiven Tendenzen vorhanden sind – sie brauchen zweifellos nicht alle auch zum Tragen zu kommen. Nach dem fünfunddreißigsten Lebensjahr zeichnen sich häufig Karrierechancen ab. Verblüffend ist die Lust am Wettbewerb, die dieser Charakter in einer Phase beruflichen Aufstiegs zu entwikkeln vermag.

Männer mit zusammengewachsenen Brauen werden hierbei auf die kompromißlose Unterstützung ihrer Partnerin angewiesen sein, denn ohne diesen Rückhalt könnte ihre Kraft schnell in die falsche Richtung gelenkt werden. Eine hervorstechende Eigenschaft bei Frauen dieses Brauentyps ist die Tendenz, eine Karriere abrupt zu beenden, um zu Heim und Herd Zuflucht zu nehmen, falls ihnen der Partner auch nur die Spur einer Chance dazu einräumt.

Am Ansatz senkrecht in die Höhe wachsende Brauen

Diese Augenbrauenform ist nach *Siang Mien* immer ein Hinweis auf eine problembeladene Jugend. Doch die negativen Erfahrungen im Elternhaus können sich durchaus positiv auswirken – weil es diese Menschen gelernt haben, sich nicht auf andere zu verlassen.

Bewundernswert ist die Energie, die sie aufzubringen in der Lage sind, um sich Vorteile zu verschaffen. Bis zum vierunddreißigsten Lebensjahr könnten sie aber auch Phasen von Verzweiflung durchleben, weil ihnen einfach das Quentchen Glück zu fehlen scheint, das sie ihrer Meinung nach verdient hätten. Doch die Zukunftsprognosen für diese Menschen sind optimistisch: Die Chancen sind gut, daß ihr hart erkämpfter Erfolg von Dauer sein wird.

Eine Partnerschaft mit diesem Brauentyp kann sich sehr positiv gestalten, weil er aufgrund seiner harten Erfahrungen Liebe und Zuneigung gebührend schätzen wird und als potenter Liebhaber oder tabulose Geliebte selbst die geheimsten Wünsche zu erfüllen vermag.

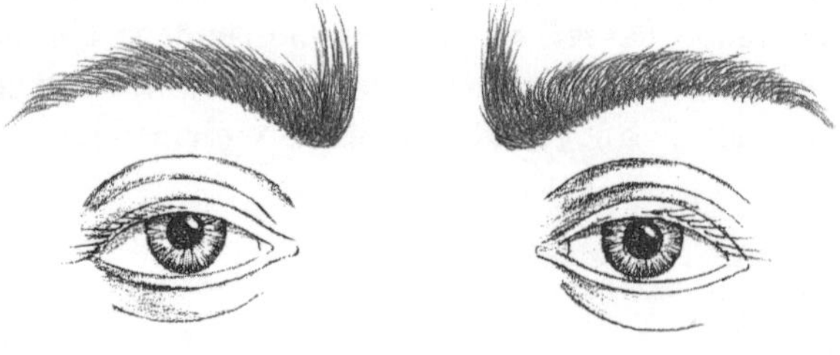

Am Ansatz senkrecht in die Höhe wachsende Brauen

Nach chinesischer Überlieferung ist beim plötzlichen Ausfallen der senkrecht hochgewachsenen Brauenhaare mit einem baldigen Verlust von Bruder oder Schwester zu rechnen.

Neumondförmige Brauen

Gleichmäßig in Form eines Neumonds geschwungene Augenbrauen finden sich überwiegend bei Frauen. Sie spiegeln Ausgeglichenheit und Harmonie sowie eine gewisse Eleganz wider. Keine Frage, daß diese unbekümmerte, meist attraktive Persönlichkeit es versteht, die Sympathien ihrer Mitmenschen zu wecken.

Sich beruflich gut zu verkaufen, wird ihr kaum Probleme machen. Auffällig ist die überdurchschnittliche Präsenz der neumondförmigen Brauen im Medienbereich.

Beherrscht werden diese Menschen – Frauen und Männer gleichermaßen – von ihrem Eros. In jungen Jahren können die erotischen Bedürfnisse leicht in Sexbesessenheit ausarten, im Extremfall auch Züge einer Sucht annehmen. Diese Gefahr ist

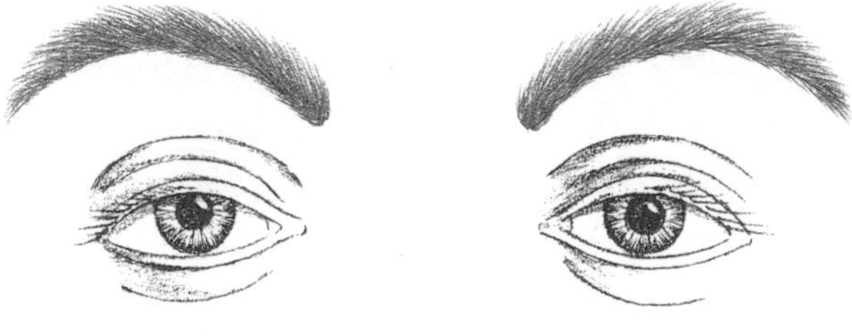

Neumondförmige Brauen

nach *Siang Mien* besonders groß, wenn die Augenbrauen sehr dunkel sind.

Im Privatleben werden Menschen mit neumondförmigen Brauen das gute Leben zu schätzen wissen: ein schönes Ambiente und einen Partner, der ihre sinnlichen Interessen teilt.

Dreieckige oder messerförmige Brauen

Menschen mit dreieckigen oder messerförmigen Augenbrauen versieht man gern mit den Attributen scharfsinnig, energiegeladen und machthungrig. Während sie in jungen Jahren besonderen Wert legen auf körperliche Aktivitäten und soziales Engagement, wenden sich ihre Interessen später eher geistigen und spirituellen Dingen zu.

Ihre übermäßige Energie mag dafür verantwortlich sein, daß diese Menschen die eigene Persönlichkeit in den Vordergrund rücken und zu maßloser Übertreibung neigen. Dieses Energiepotential ist oft auch die Basis für eine exzessive Spielleidenschaft.

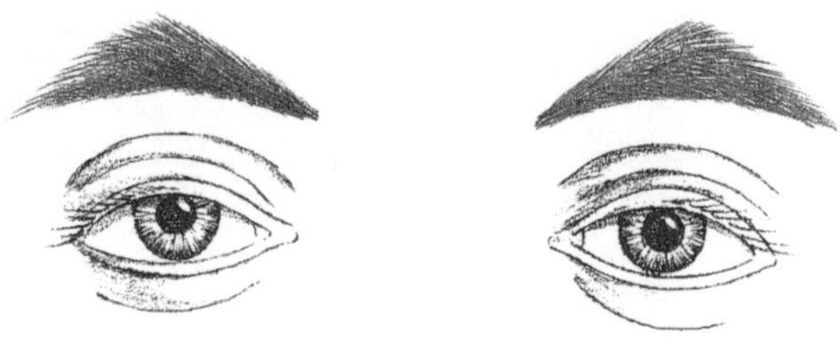

Dreieckige Brauen

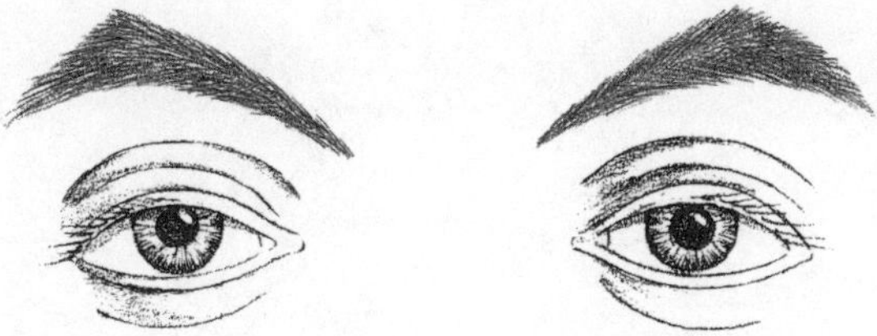

Messerförmige Brauen

Doch sollte man keinesfalls die andere Seite dieses agilen Charakters vergessen – nämlich die sensiblen, mitfühlenden und äußerst charmanten Züge. Ihre kommunikativen Fähigkeiten und ihr erotisches Flair lassen vor allem messerförmige Brauen beim anderen Geschlecht hoch im Kurs stehen.

Männer mit solchen Brauen haben ständig Appetit auf Sex. Was sich im Hinblick auf eine feste Bindung als Hürde erweisen könnte.

Nach chinesischer Deutung sind Frauen mit messerförmigen Brauen lieber die große Schwester als die leidenschaftliche Bettgespielin. Um ihre Bedürfnisse zu befriedigen, wird man sie eher auf den Tanzboden als ins Bett führen.

Wild durcheinanderwachsende Brauen

Augenbrauen, die chaotisch wirken, gehören meist zu chaotisch veranlagten Menschen. Ordnung in ihre Gedanken zu bringen dürfte ihnen nicht weniger schwer fallen, als sich mit anderen Menschen zu arrangieren. Im schlimmsten Fall neigen sie sogar zu groben Taktlosigkeiten.

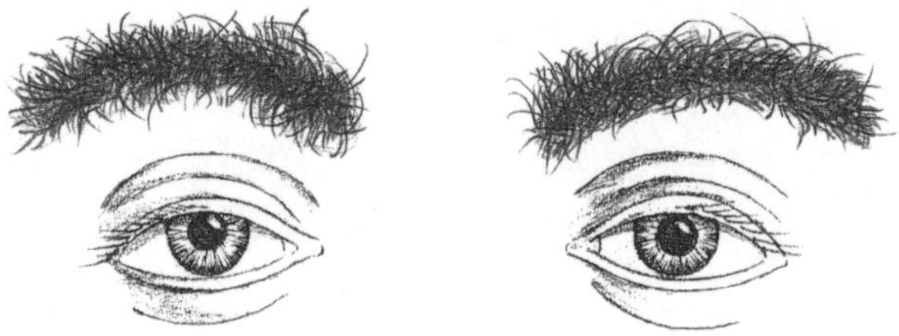

Wild durcheinanderwachsende Brauen

Zwischen dem dreißigsten und fünfunddreißigsten Lebensjahr schwelgen solche Menschen oft in Sehnsüchten und Tagträumen, die von vornherein illusionär sind. Dennoch gelingt es ihnen danach nicht selten, System in ihr Leben zu bringen. Von nun an werden sich auch Erfolge einstellen.

Frauen werden versuchen, die wirren Brauen in Form zu bringen. Was mit Sicherheit ihr Selbstbewußtsein positiv beeinflussen kann.

In einer Partnerschaft erweisen sich Frauen dieses Brauentyps als überhaupt nicht chaotisch. Sie können sehr sanft und konstruktiv sein, vorausgesetzt, sie treffen auf einen Partner, der ihnen Sicherheit gibt und ihnen den Rücken stärkt.

Die männlichen Pendants hingegen werden hart ackern müssen für ihr Glück. Es läßt sich beobachten, daß sie sich instinktiv dominierenden und/oder älteren Frauen zuwenden, von denen sie sich Unterstützung und Führung erhoffen.

Gekräuselte Brauen

Auch diese Augenbrauenform steht für unsystematisches Denken und Handeln. Aber diese im allgemeinen klugen, doch egoistischen Menschen sind in der Lage, systematisch auf ihr berufliches Ziel hinzuarbeiten. Dabei können sie mit äußerster Konsequenz, manchmal auch recht skrupellos ihren Machthunger stillen. Nach dem dreißigsten Lebensjahr kommt die Karriere meistens in Schwung.

Privat leiden Menschen mit gekräuselten Brauen oft unter mangelnder Liebesfähigkeit. Auf der Suche nach Glück kann es leicht passieren, daß sie von einem Liebesabenteuer ins nächste schlittern. Feste Beziehungen sind bei ihnen die Ausnahme.

Frauen mit gekräuselten Brauen sind davon weniger stark betroffen. So wird es ihnen zum Beispiel erstaunlich gut gelingen, sich in Familie und Partnerschaft zu engagieren und ihre Erfolgsbedürfnisse in der Ehe auszuleben.

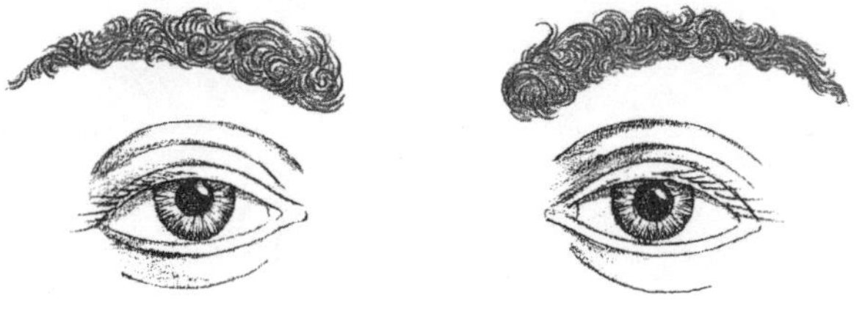

Gekräuselte Brauen

Gerade Brauen

Diese Augenbrauenform läßt auf einen körperlich gesunden und praktisch orientierten Menschen schließen. Nach *Siang Mien* gilt: Je gerader die Brauen, desto bodenständiger und schnörkelloser der betreffende Mensch.

Phantasie und Einfallsreichtum gehören generell nicht zu den Stärken. Doch dieser Mangel wird mehr als wettgemacht durch den Pragmatismus und den unerschütterlichen Optimismus, die diese Menschen besitzen. Sie haben klare Ziele, verfolgen diese konsequent und realisieren sie meist auch. Kleinere Rückschläge werden ihnen kaum die gute Laune verderben – denn sie besitzen eine Menge Humor.

Amüsieren werden sie sich wahrscheinlich auch über die Geldsorgen anderer. Weil sie mit ihrem feinen Instinkt für dicke Gewinne so gut wie nie in finanzielle Nöte geraten werden. Das trifft ganz besonders auf Männer mit geraden Brauen zu, die, einmal an die Macht gelangt, zu löwenhaften Kämpfern um ihre Position werden können.

In Partnerschaften verhalten sich weibliche und männliche gerade Brauen eher konträr. Während er sich in der Liebe als ein rechter

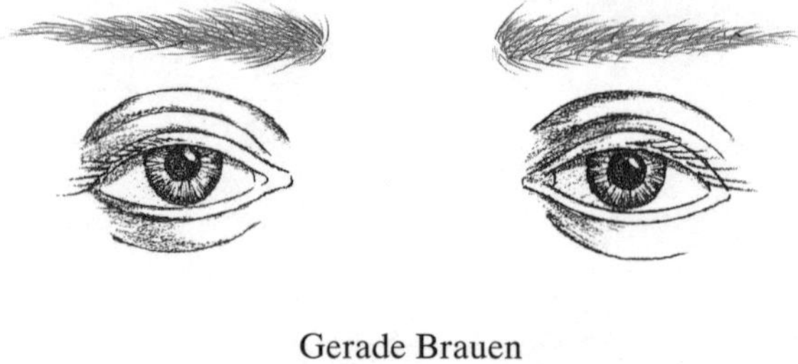

Gerade Brauen

Luftikus entpuppen kann, wird die Frau zielgerichtet eine dauerhafte Verbindung anstreben. Daß aber niemand von ihr erwarten kann, im Schlafzimmer erotische Trapezkünste zu vollführen, braucht wohl nicht betont zu werden.

Schräg nach oben verlaufende Brauen

Sie gelten in der chinesischen Gesichtslesekunst als besonders glückverheißend. Hindernisse scheinen für diese Menschen nicht zu existieren. Natürlich gibt es sie – doch sie werden von solchen Menschen schlichtweg ignoriert.

Obwohl man den Eindruck hat, dieser Brauentyp würde vom Schicksal begünstigt, arbeitet er sehr hart an seinen Erfolgen – allerdings nie auf Kosten anderer.

Doch er zeigt auch Schwächen: Er fängt vieles an, ohne es zu beenden, weil Geduld und Interesse schon auf halber Strecke nachlassen.

In einer Partnerschaft wird an spannenden Intermezzi kein Mangel sein. Denn ein Partner, der die Friedfertigkeit dieses Charak-

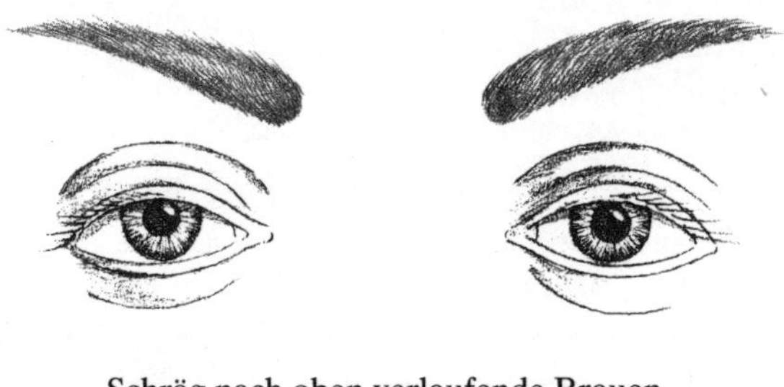

Schräg nach oben verlaufende Brauen

ters überschätzt, dürfte eine böse Überraschung erleben: Hinter der äußerlichen Sanftheit steckt nämlich ein eiserner Wille.

Nicht ganz so positiv sind die Aussagen des *Siang Mien* zu Menschen mit schräg nach oben gerichteten Brauen, die besenförmig auslaufen. Sie sollten sich nicht allzusehr auf ihr Glück verlassen: Das Schicksal könnte sich auch mal von seiner unfreundlichen Seite zeigen.

Schräg nach unten verlaufende Brauen

Diese Brauenform deutet auf einen Mangel an Ehrgeiz und Selbstverwirklichungswillen hin.

Man darf aber nicht davon ausgehen, daß diese Menschen nichts auf die Beine brächten. Wer sich darauf konzentriert, seinen angeborenen Hang zur Aggressivität in positive Dynamik umzusetzen, für den wird der Erfolg nicht ausbleiben.

Berufliche Rückschläge zu Beginn des dritten Lebensjahrzehnts sind nichts Ungewöhnliches, wobei man besonders die Gefahr von finanziellen Verlusten im Auge behalten muß. Diese Rückschläge sollten aber kein Grund zur Panik sein, denn erfahrungsgemäß kommt ab dem siebenunddreißigsten Lebensjahr die Karriere gut in Schwung.

Allgemein verraten nach unten gerichtete Brauen auch einen Hang zur Melancholie, die sich bis hin zur Depressivität steigern kann. Wenn diese Veranlagung besteht, kommt sie erfahrungsgemäß am ehesten zwischen dem dreißigsten und dem fünfunddreißigsten Lebensjahr zum Ausbruch.

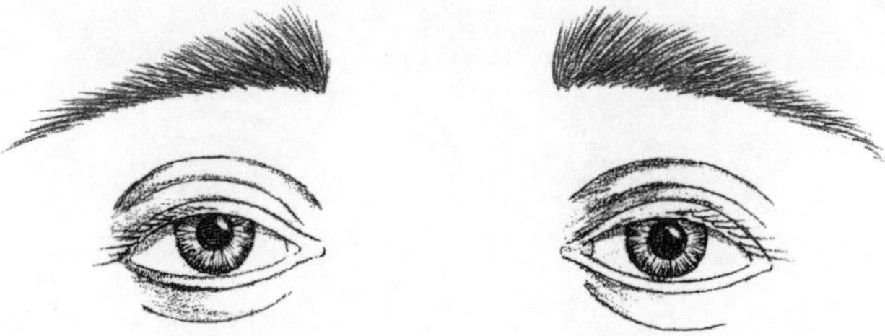

Schräg nach unten verlaufende Brauen

Dieser Brauentyp ist in der Regel sehr gutgläubig und in hohem Maße schüchtern. Daher kann es anfangs in einer Partnerschaft besonders im sexuellen Bereich Schwierigkeiten geben. Doch dies sollte den Partner nicht entmutigen: Die erfrischende Ehrlichkeit dieses Charakters wiegt die eher negativen Eigenschaften zumindest auf.

Weitere Brauenformen

Neben den genannten Augenbrauenformen, die am häufigsten anzutreffen sind, möchte ich einige weitere kurz charakterisieren:

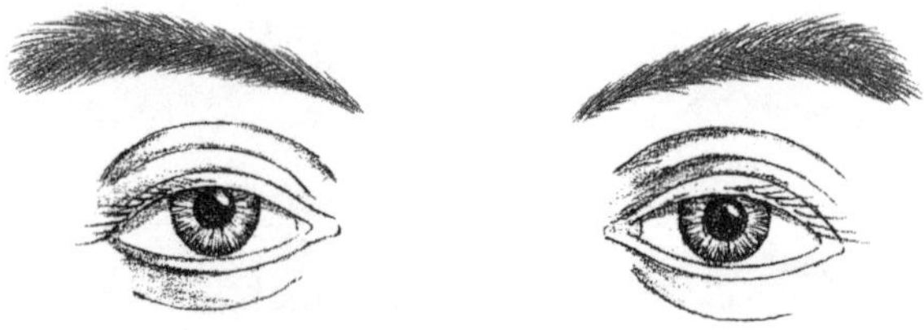

Spitze Augenbrauenwurzel
wenig Durchsetzungsvermögen, geringe Entschlußkraft, großes Sicherheitsbedürfnis, sehr familienorientiert

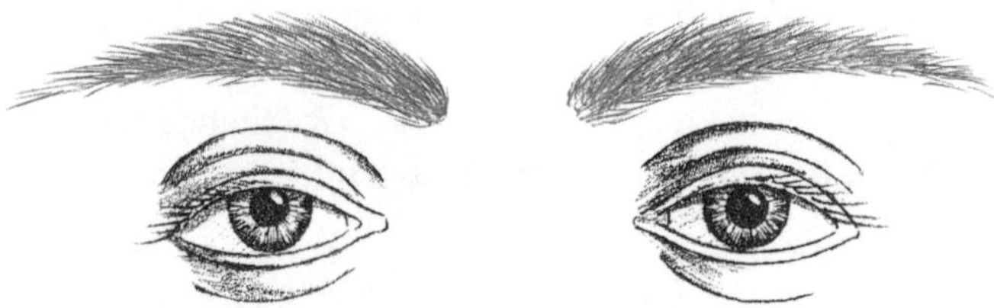

Lange Augenbrauen
Sinn für Schönheit und Ästhetik, nachdenklich, handelt unsicher und zögerlich, guter Familiensinn

Sehr kurze Brauen
leicht verletzbar, leidenschaftlich, oft kapriziös, gefühlsstark, handelt emotional

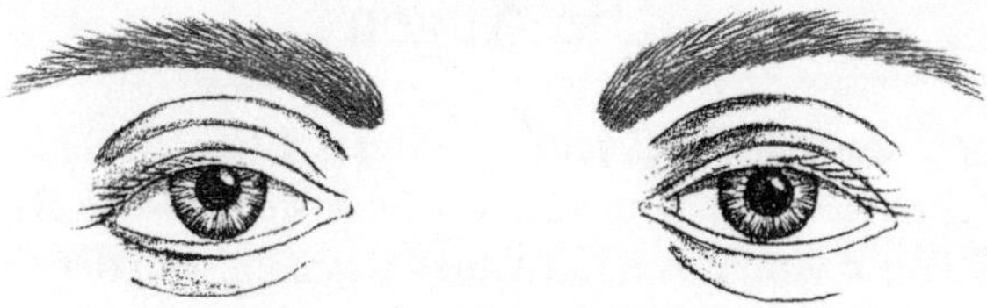

Brauen dicht über den Augen
maßlos ehrgeizig, aggressiv, Hang zur Neugier, große Überzeugungskraft, vielseitig interessiert

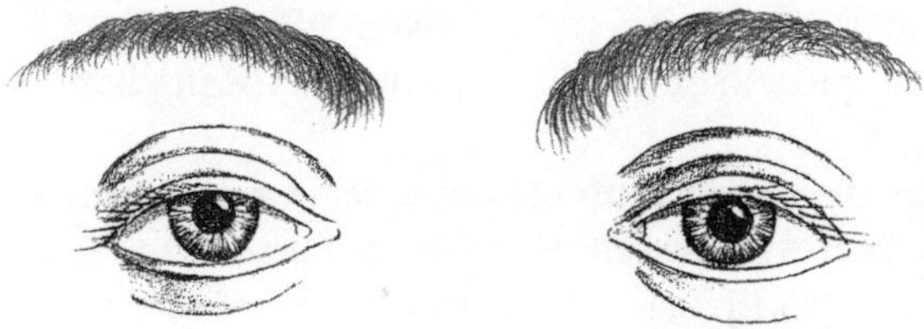

Brauenhaare nach unten gekrümmt
kämpferisches Wesen mit Hang zu pessimistischen Tiefpunkten, kreativer Lebensstil, aber wenig begeisterungsfähig

Eine Braue höher als die andere
leidet unter Stimmungsschwankungen, traditionsbewußt, sensibel, leicht verletzlich

Die Augen

Die Augen sind das vielleicht wichtigste Element des menschlichen Gesichts. Nicht nur, weil wir über sie optische Reize und Eindrücke aufnehmen, sondern auch deshalb, weil der geschulte Gesichtsdeuter Wesentliches aus ihnen zu lesen vermag.

Die chinesische Gesichtslesekunst betrachtet die Augen als den Sitz der Seele. Sie stellen den direkten Zugang zum Inneren eines Menschen dar, zu seiner Wesensart, seinen Emotionen und Einstellungen. Es mag zwar möglich sein, mit viel Mühe einen bestimmten Gesichtsausdruck einzustudieren, die Augen jedoch werden sich niemals verstellen lassen. Sie strafen die Mimik Lügen und spiegeln den wahren Kern eines Menschen wider.

Siang Mien deutet nicht nur die Form der Augen, sondern widmet sich auch dem Augenweiß. Es wird vor allem unter dem gesundheitlichen Aspekt betrachtet. So weiß man, daß eine eher gelbliche Färbung darauf hindeutet, daß der Betreffende womöglich an Gelbsucht oder einer Lebererkrankung leidet. Bei einem rötlichen Weiß liegt die Vermutung nahe, daß diese Person aggressiv geladen ist und dazu neigt, vor Wut «rot zu sehen».

Von Belang ist auch die Größe des Augenweiß: Erscheint es größer als die Pupille, deutet das auf eine phlegmatische, unbewegliche Persönlichkeit mit labilem Gefühlsleben hin. Frauen wird Unbeweglichkeit auch im Bett unterstellt, vielleicht ein Grund dafür, daß sie häufig Probleme mit ihrer Fruchtbarkeit haben oder sogar kinderlos bleiben.

Unter dem medizinischen Gesichtspunkt zu interpretieren sind unter anderem auch dunkle Ränder um die Augen (sie deuten häufig auf Herz- oder Gallenleiden hin) und Unterlider, die dunkel oder gar schwärzlich gefärbt sind (sie zeigen oft, daß Blase oder Nieren in Gefahr sind).

Last not least betrachtet *Siang Mien* natürlich auch die Pupillen. Allgemein gilt: Dunkle Pupillen übernehmen gern Verantwortung und opfern sich für die Familie auf. Ein chinesisches Sprichwort sagt aber auch: Hat eine Frau teebraune Pupillen, ist sie sehr offen und leicht zu haben. Je dunkler die Pupille, desto sexhungriger ist die Frau. Helle Pupillen lieben's gesellig; aber Vernunft und Egoismus lassen wenig Platz für Gefühle.

Die meisten Menschen deuten intuitiv und aufgrund persönlicher Lebenserfahrungen den eigentlichen Ausdruck der Augen, zum Beispiel ihren Glanz und den ganz individuellen, direkten Blick. Die asiatische Gesichtsdeutung dagegen erhält wesentliche Erkenntnisse aus der Anatomie der Augen.

Nur am Rande soll erwähnt sein, daß die chinesische Gesichtslesekunst an bestimmten Segmenten des Auges sogar Aussagen über die einzelnen Lebensphasen des Menschen entnimmt. Es würde zu weit führen, dies hier zu vertiefen. Nur so viel: Bei Frauen wird das rechte, bei Männern das linke Auge in Segmente aufgeteilt, die einem sechzigjährigen Lebenszyklus entsprechen.

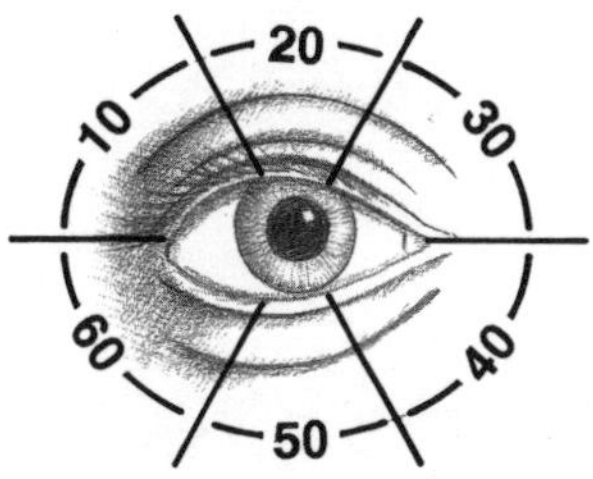

Der weibliche Augenzyklus (rechtes Auge)

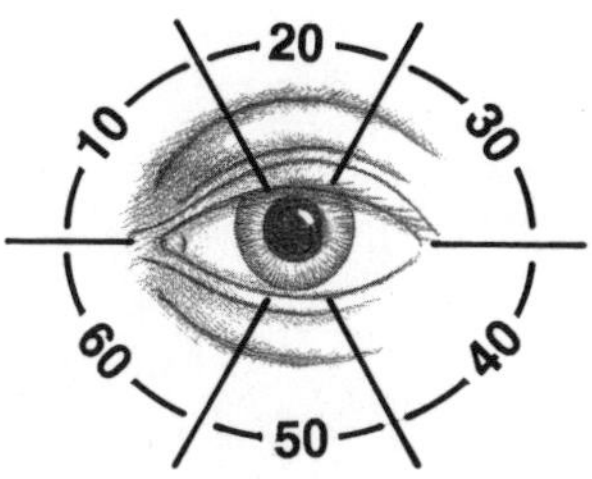

Der männliche Augenzyklus (linkes Auge)

Große Augen

Große Augen gelten als Schönheitsideal schlechthin. Intelligenz, Kraft, Ideenvielfalt und ein aufrichtiger Charakter werden nicht zu Unrecht mit ihnen verbunden.

Unbestritten ist auch die sensationelle sexuelle Anziehungskraft der großen Augen. Ihrer erotischen Ausstrahlung durchaus bewußt, tendieren großäugige Menschen dazu, schnell zu entflammen – und ihre Gefühle genauso schnell wieder auf Normalmaß herunterzuschrauben. Frauen mit großen Augen gelten als besonders erfahrene, experimentierfreudige Gespielinnen.

Frauen wie Männer mit großen Augen können ihren Mitmenschen viel Wärme und Herzlichkeit entgegenbringen, werden aber andererseits auch mit großer Verletzlichkeit reagieren, sollte etwas nicht nach ihrer Vorstellung verlaufen. Ihr größtes Plus dürfte ihre extrovertierte, ungekünstelte Wesensart sein. Und sie haben keinerlei Hemmungen, ihren aufsehenerregenden Auftritt auch selbst zu genießen.

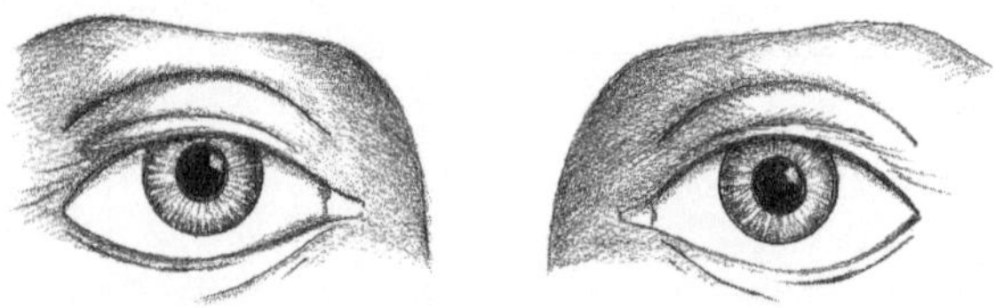

Große Augen

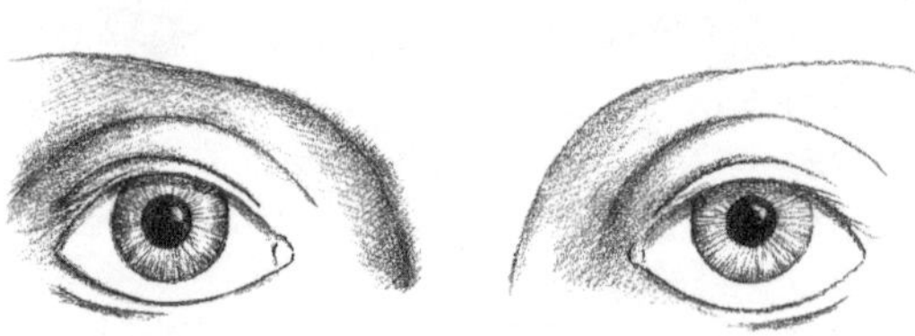

Runde Augen

Beruflich werden Menschen mit großen Augen nichts unversucht lassen, um im Rampenlicht zu stehen. Und wo ließe sich dieses Bedürfnis besser befriedigen als im Showbusineß, in der Werbebranche oder im Medien- und Kunstbereich?

Frauen bauen fest darauf, daß ihnen beim Karrieresprung ein großzügiger Augenaufschlag Vorteile verschafft – und wie die Erfahrung zeigt, werden sie in dieser ihrer Erwartung selten enttäuscht.

Dieselben Eigenschaften, die Menschen mit großen Augen zugesprochen werden, findet man oft auch bei solchen mit runden Augen. Es muß wohl nicht betont werden, daß vor allem Frauen, deren Augen groß *und* rund sind, auf ihre Mitmenschen geradezu unwiderstehlich wirken – nicht nur in erotischer Hinsicht.

Kleine Augen

Augen, die auffällig klein sind, gelten als ein Zeichen von Neid, Unglaubwürdigkeit und Sturheit. Bisweilen erfährt man Menschen dieses Augentyps sogar als ausgesprochene Bösewichter.

Mit solchen negativen Urteilen sollte man allerdings höchst vorsichtig sein. Wir unterstellen kleinen Augen leicht Negatives, weil sie nichts und niemanden an sich und ihre Privatsphäre heranlassen.

Kleine Augen

Nach *Siang Mien* gelten Menschen mit kleinen Augen als loyal und höchst penibel. Was sich beruflich keineswegs als Nachteil erweist. Sie sind darüber hinaus extrem zielorientiert und von sich überzeugt. Doch sie verlieren rasch die Geduld und können, wenn sie sich übergangen fühlen, ihre Mitmenschen mit allerlei Spitzfindigkeiten quälen.

In der Paarbeziehung werden Menschen mit kleinen Augen stets um jeden erdenklichen Komfort für ihren Partner bemüht sein. Allerdings kann sich ihre Rechthaberei und Eifersucht auf lange Sicht als Beziehungskiller erweisen.

Ihre Liebe zum Detail kann in Berufen hilfreich sein, wo's darauf ankommt. So findet man Männer mit kleinen Augen beispielsweise häufig in der Buchhaltung oder in organisatorischen Funktionen.

Frauen dagegen brauchen Publikum, um in der Arbeit glücklich zu sein. So wenden sie sich gern Berufen in der Modebranche oder dem Journalismus zu. Ganz anders als ihre Geschlechtsgenossen zeigen sie sich risikofreudig und aktiv. Ihre Karriere-Aussichten sind blendend. Denn trotz ihrer unsympathischen Neigung zum Dogmatismus und zur Besserwisserei kann man Menschen mit kleinen Augen eine hohe Intelligenz nicht absprechen.

Schräg nach oben gestellte Augen

Auch diese Augenform gilt in der chinesischen Gesichtslesekunst als Schönheitsideal. Sie deutet auf den emotionalen Menschen hin, der mit intellektueller Scharfsicht und einer blendenden Konstitution gesegnet ist. Vor allem aber besitzt dieser Typus die Gabe, das Leben zu genießen.

Schräg nach oben gestellte Augen

Bei solchen Menschen muß man allerdings bisweilen auch mit plötzlichen Zornesausbrüchen rechnen. Zu allem Übel richten sie ihre Emotionen häufig gegen Menschen, die ihnen sehr nahestehen.

Aus diesem Grunde besteht die Gefahr, daß eine Partnerschaft schnell und grundlos in die Brüche geht.

Frauen mit schräg nach oben gestellten Augen verhalten sich extrem zögerlich, wenn's um die Liebe geht, und sind leicht durch Dritte zu beeinflussen. Es ist sehr gut möglich, daß sie an ihren eigenen Zweifeln verzweifeln; nicht selten sucht ein Partner das Weite, weil er vor dem Wankelmut seiner katzenäugigen Schönheit kapituliert.

Beruflich sind Menschen dieses Augentyps flexibel, sicher in ihren Entscheidungen und imstande, Probleme rasch anzupacken. Sie werden sich auch nicht vor harter körperlicher Arbeit scheuen, vorausgesetzt, ein Job verspricht Abwechslung und immer neue Herausforderungen. Beide Geschlechter können mit beruflichen Highlights rechnen, die sie auch ernsthaft verdient haben. Allerdings könnte ihre Geduld in dieser Hinsicht etwas strapaziert werden – denn die Karriere kommt erst nach dem fünfunddreißigsten Lebensjahr so richtig in Schwung.

Nach außen abfallende Augen

Diese Augenform wird vor allem in Japan als Symbol für großes Glück und Reichtum angesehen. Im westlichen Kulturkreis verbindet man abfallende Augen mit Sanftmütigkeit, Hilfsbereitschaft und Vertrauen, aber auch mit einem Hang zur Melancholie.

Tiefe, ehrliche Freundschaften werden für diese Menschen der Quell sein, aus dem sie Kraft schöpfen für ihr oft aufopferungsvolles, aber befriedigendes Leben. Es scheint so, daß dieser edelmütige Charakter prädestiniert ist, anderen aus schlimmster Not herauszuhelfen. Und um nichts in der Welt würde es ihm einfallen, die eigenen guten Taten an die große Glocke zu hängen. Dieser Mensch hört genau zu – und schweigt.

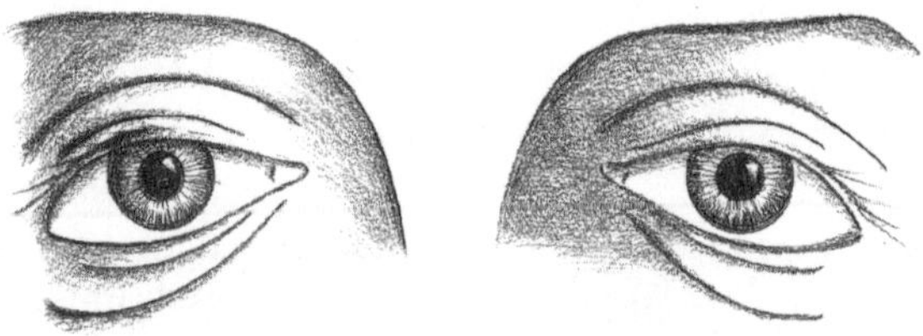

Nach außen abfallende Augen

Wer voller Neid auf so viel Sanftmut und Verständnis blickt, sollte sich klarmachen, daß diese idealtypischen Helfernaturen nicht nur weniger Tiefen, sondern auch weniger Höhen erleben als andere Charaktere.

Frauen mit solchen Augen haben meist einen guten Instinkt für solvente Männer und werden die finanziellen Annehmlichkeiten zu schätzen wissen. Wobei man ihnen nicht unterstellen sollte, daß der materielle Aspekt im Vordergrund steht.

In der Liebe können sie sehr angepaßt und hingebungsvoll sein, ja, sie lassen es nicht nur zu, daß der Partner sie dominiert, sondern sind sogar glücklich in dieser Rolle.

Daß einige Frauen mit abfallenden Augen ihren Liebsten um den Finger wickeln, ist eher die Ausnahme. Weniger überraschen dürfte uns, daß sie gute Mütter sein werden.

Beruflich werden sich diese Menschen fast ausnahmslos in Pflege- oder Sozialberufen engagieren, was ihrem Naturell auch am besten entsprechen dürfte. Kein anderer Berufszweig bietet so viele Chancen, ihre charakterlichen Anlagen auszuschöpfen.

Männer dieses Augentyps vermögen darüber hinaus ein ausgeprägtes kaufmännisches Geschick zu entwickeln, das, wenn es in die richtigen Bahnen gelenkt wird, ihnen profitable Geschäfte ermöglicht.

Eng zusammenliegende Augen

Menschen mit eng zusammenliegenden Augen haben oft ein sehr berechnendes Wesen, neigen zur Introvertiertheit und im schlimmsten Fall sogar zur Engstirnigkeit.

Offenbar sind ihnen diese Eigenschaften selbst nicht einmal bewußt. Denn sie pflegen forscher und geselliger aufzutreten, als es ihrem Charakter entspricht.

Besonders bei diesem Augentyp sollte man bei der Gesichtsdeutung allerdings darauf achten, daß alle anderen Merkmale mit einbezogen werden. Denn *Siang Mien* deutet eng zusammenliegende Augen auch als Zeichen von Temperament, Kontaktfreude und cleverem Vorteilsdenken.

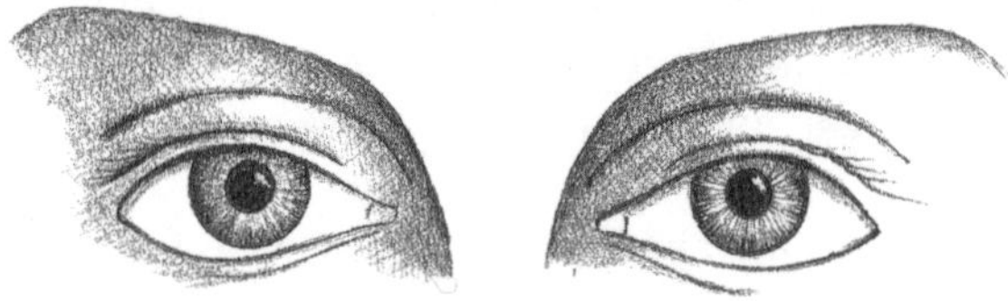

Eng zusammenliegende Augen

Menschen, auf die diese wesentlich positivere Variante zutrifft, können im Beruf sensationelle Erfolge in den Schoß fallen. In Politik und Wirtschaft dürfte ihr optimales Aufgabenfeld liegen, weil sie die Fähigkeit entwickeln können, sich neuen Situationen rasch anzupassen und zu ihrem Vorteil auszuschlachten.

Frauen dieses Augentyps sind in ihrem Charakter ungleich komplizierter. Mit größter Selbstverständlichkeit scheinen sie sich von einem Problem ins nächste zu lavieren. Vielleicht ist ihre, gelinde gesagt, übergroße Neugier schuld daran. Es sollte niemanden wundern, daß ihre Vermutungen, die sie über jeden und alles anstellen und die durch nichts bewiesen sein dürften, sie für die Mitmenschen äußerst unglaubwürdig machen. Liebe erweist sich für diese Evas oftmals als eine unendliche Geschichte, weil es sie überfordert, eine dauerhafte Bindung auf der Basis gegenseitigen Vertrauens einzugehen.

Beruflich könnte sich für diese Frauen eine gewisse Ängstlichkeit vor Risiken negativ auf die Karriere auswirken. Zwar scheinen sie sich im Job rasch zu etablieren, der ganz große Aufwärtstrend bleibt jedoch die Ausnahme.

Weit auseinanderliegende Augen

Diese Augen stehen für Offenheit, Lebensmut und andere positive Tendenzen. Menschen mit weit auseinanderliegenden Augen hegen gewöhnlich große Hoffnungen, zuweilen scheint ihnen aber das Quentchen Dynamik zu fehlen, um sie auch zu verwirklichen. Im Umgang mit anderen erweisen sie sich manchmal als geradezu blauäugig, ihre übergroße Vertrauensseligkeit dürfte ihnen so manche menschliche Enttäuschung bescheren. Derartige Enttäuschungen vermögen die Gefühlswelt dieses Charakters ganz gehörig durcheinanderzuwirbeln, was zu gravierenden Stimmungsschwankungen führen könnte.

Die instabile Psyche dieser Menschen kann sich auch sehr ungünstig auf die beruflichen Aktivitäten auswirken. Deshalb ist dieser Typus für eine auf Beständigkeit angelegte Laufbahn oftmals weniger gut geeignet.

Dafür winkt sowohl Frauen als auch Männern mit weit auseinanderliegenden Augen Glück in der Partnerschaft. Wenn sie den passenden Partner finden, können sie eine wirklich sensationelle Liebesgeschichte erleben.

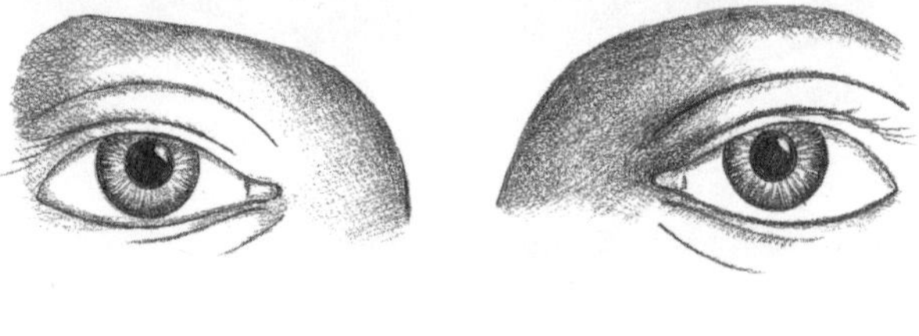

Weit auseinanderliegende Augen

Tiefliegende Augen

Diese Augen gehören meist einer in sich gekehrten und zutiefst romantischen Persönlichkeit. Allerdings sollte sich niemand von dem geheimnisvollen romantischen Touch täuschen lassen: Diese Menschen verlieren glücklicherweise weder im Handeln noch in ihren Gefühlen jemals den Sinn für die Realität.

Es scheint in ihrer Natur zu liegen, daß sie in jungen Jahren wie Odysseus einige Irrfahrten bestehen müssen – sowohl im Beruf wie in der Liebe. Erst Ende des dreißigsten Lebensjahres pflegen sie sich auf ihr Fortkommen zu konzentrieren, wobei sich ihre bis dahin gesammelten reichen Erfahrungen als sehr nützlich erweisen können.

Über die Liebe könnten sie Romane schreiben – so zahlreich sind in der Regel die erotischen Affären, die sie genossen haben. Diese Erfahrungen erweisen sich als ein solides Fundament für eine feste Beziehung, in der sie zu wirklich umwerfenden Partnern werden können.

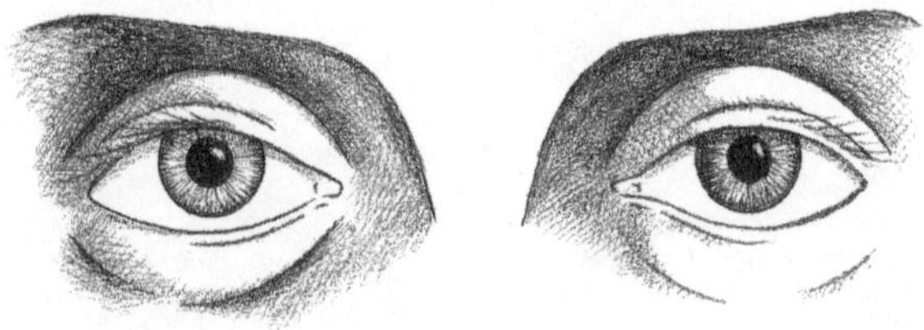

Tiefliegende Augen

Hervortretende Augen

Die chinesische Gesichtslesekunst hat wenig Schmeichelhaftes über Menschen mit hervortretenden Augäpfeln zu vermelden. Solche Menschen gelten als maßlos egoistisch und wenig vertrauenswürdig, aber auch als scharfsinnig und willensstark.

Die Kombination dieser Attribute macht diesen Charakter oftmals ausgesprochen erfolgreich. Dies um so mehr, als er wenig Skrupel hat, auch nicht ganz saubere Geschäfte zu betreiben, wenn er sich davon eine schnelle Mark verspricht. Allerdings sind nicht alle Menschen mit vorstehenden Augen üble Geschäftemacher – oft ist es nur der Neid ihrer Mitmenschen, der ihnen dieses Image verpaßt.

Menschen dieses Typs fallen häufig durch kopflose Aktionen auf. Sie können ein Indiz dafür sein, daß sie von frühester Jugend an ein langwieriges Problem belastet – etwa ein wenig liebevolles Elternhaus, das ihnen zuwenig Verständnis entgegenbrachte.

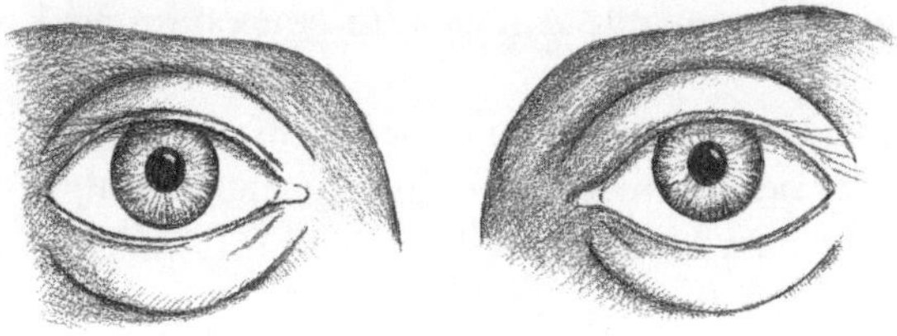

Hervortretende Augen

Männer haben häufig ein sehr ausgeprägtes Verlangen nach Sex und werden mit allen Mitteln versuchen, diesbezüglich zum Ziel zu kommen. Ihr Egoismus verläßt sie auch beim Liebesakt in keiner Sekunde, und so kommt es selten zu dauerhaften Bindungen.

Frauen dieses Augentyps vermitteln häufig einen leicht naiven Eindruck. Sie sind latent in Gefahr, auf falsche Freunde reinzufallen, schlimmstenfalls sogar auf die schiefe Bahn zu geraten. Ihr Egoismus ist weniger augenfällig, doch zeichnet sich die Tendenz zu sprunghaften Partnerwechseln ab.

Dreieckige Augen

Menschen mit dreieckigen Augen werden feststellen, daß andere sie nicht besonders mögen. Das könnte zum Teil daran liegen, daß sie keinerlei Widerspruch dulden und sogar dazu tendieren, ihre Mitmenschen massiv zu unterdrücken oder zu manipulieren. Zum anderen haben sie Probleme, den Mund aufzukriegen, so daß Versuche, mit ihnen zu kommunizieren, im Keim erstickt werden.

In jungen Jahren beweisen sie wenig Durchhaltevermögen im Beruf und pflegen alles mögliche anzufangen, ohne es zu Ende zu bringen, obwohl sie zweifellos vielseitig und für verschiedenste Tätigkeiten geeignet wären. Menschen mit dieser Augenform haben zum Beispiel gute Anlagen für eine politische Karriere.

Auch Partnerschaften sind für diesen Charakter mit Hindernissen gespickt. Er beweist hier in der Regel genausowenig Durchhaltevermögen wie im Job. Mag er auch in bester Absicht ein Verhält-

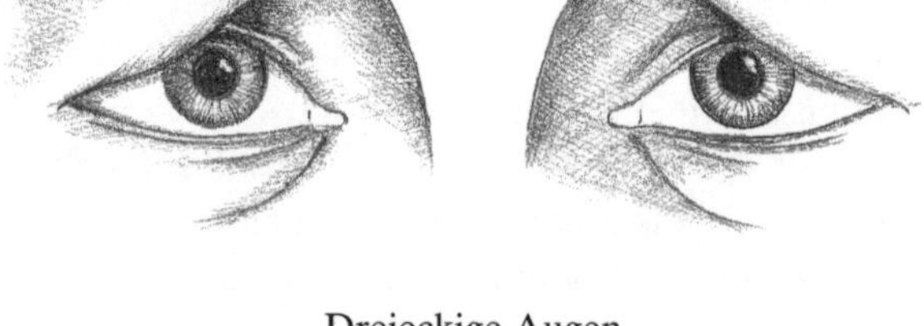

Dreieckige Augen

nis oder eine Ehe eingehen – die Gefahr ist doch groß, daß am Ende die Trennung oder Scheidung steht. Obwohl es keineswegs an tiefen, echten Gefühlen zu fehlen scheint.

Rechteckige Augen

Diese Augenform findet sich häufig bei hochintelligenten Kopfarbeitern. Diesem interessanten Charakter wird so schnell nichts entgehen, vermag er doch auf Anhieb anderen hinter die Fassade zu schauen. Sein Intellekt steht ihm allerdings oftmals auch im Wege – vor allem auf der Suche nach seinem persönlichen Glück.

Wie ein roter Faden zieht sich sein Sicherheitsdenken durch sein Leben. Dies gilt nicht zuletzt für das Berufsleben. Menschen mit rechteckigen Augen finden sich häufig in administrativen Berufen, viele sind als Beamte tätig.

Aber auch das Privatleben ist durch Sicherheitsdenken geprägt. Eine Beziehung dürfte weniger aus himmelstürmender Leidenschaft denn aus grundsoliden Überlegungen heraus eingegangen werden. Dieser Typus ist oft nicht in der Lage, Sex wirklich zu genießen, weil eine gefühlsmäßige Blockade sinnliche Aktionen zu bremsen scheint. In der Regel wird eine Partnerschaft aber Bestand haben, weil sich selbst nach zwanzig Ehejahren kein sexueller Frust einstellt.

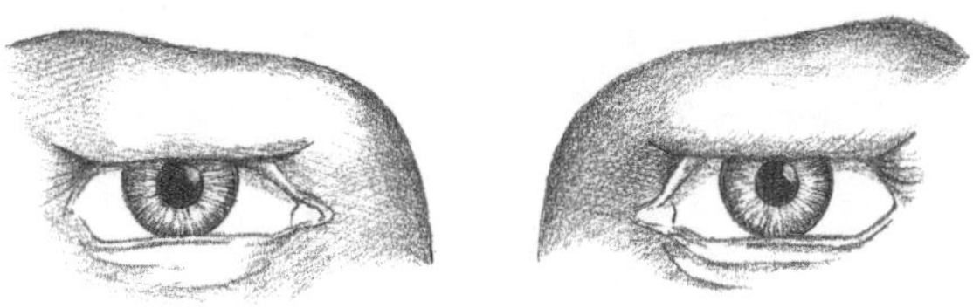

Rechteckige Augen

Neumondförmige Augen

In China sagt man, daß neumondförmige Augen auf noch größere Unehrlichkeit schließen lassen als Fuchsaugen. In unserem Kulturkreis empfindet man sie nicht gerade als schön, aber diese Menschen sind meist lieb und leicht zufriedenzustellen. Dafür besitzen sie recht wenig Temperament.

Männer mit dieser Augenform tendieren manchmal dazu, jeden, den sie für unterlegen halten, zu übervorteilen. Kommt man ihnen aber auf die Schliche, werden sie höchstwahrscheinlich schnell einen Rückzieher machen. Andererseits können sie sich im Berufsleben als sehr pflegeleicht erweisen – was weniger ihrem Charakter zu verdanken ist als dem Umstand, daß Machtgerangel sie schlicht und einfach überfordern würde. Menschen mit neumondförmigen Augen werden kaum Schwierigkeiten haben, sich

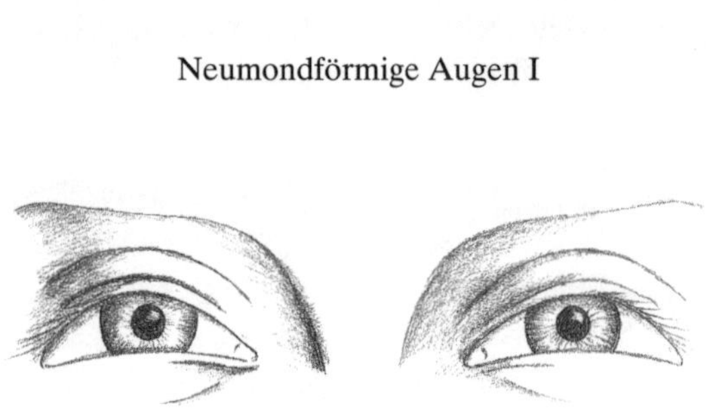

Neumondförmige Augen I

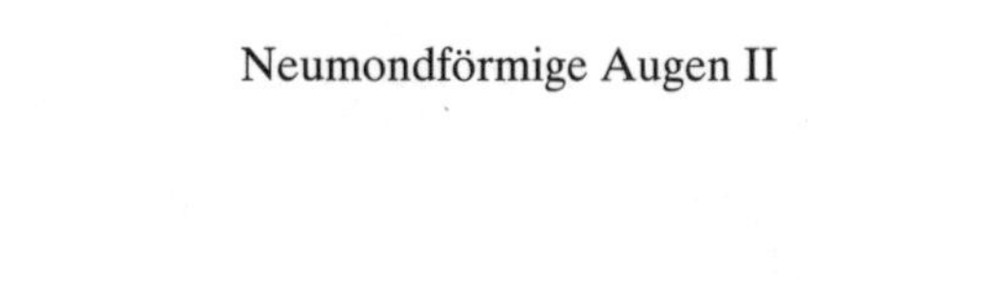

Neumondförmige Augen II

gut in einem größeren Unternehmen zu etablieren, auf eine Spitzenposition zu spekulieren dürfte für sie hingegen nur in Ausnahmefällen realistisch sein.

Mit dem Verlieben könnte es für diesen Typ etwas problematisch werden. Allerlei ausprobieren – das ja. Aber in einer festen Beziehung wittert er Gefahr, den Boden unter den Füßen zu verlieren.

Weitere Augenformen

Es gibt eine Vielzahl weiterer Augenformen, die ich nur kurz vorstellen möchte:

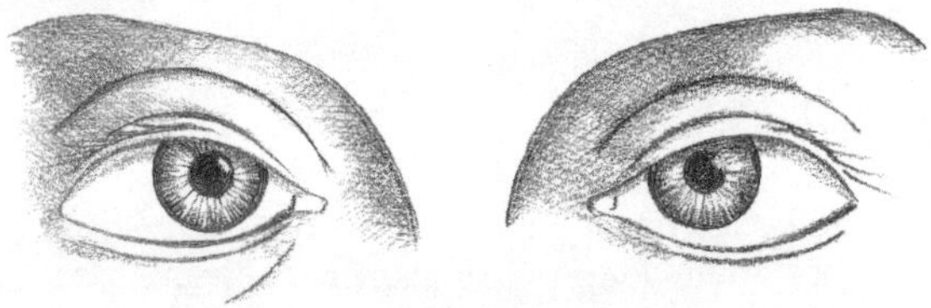

Schielende Augen
introvertiert und scheu, ungeduldig, wenig Ausdauer, besitzt einen starken Lebenswillen

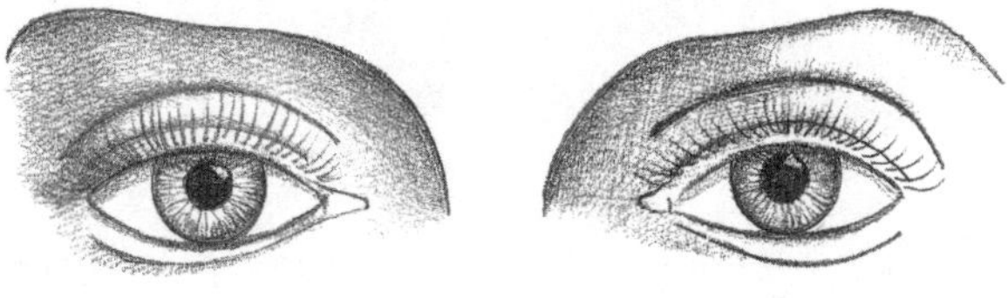

Wimpern nach oben
optimistisch, sehr sinnlich, temperamentvoll, gefühlsstark, braucht ständig neue Herausforderungen

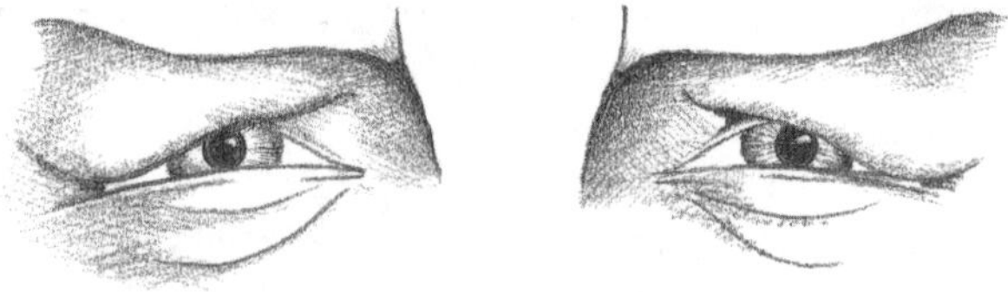

Verschlagener Blick
häufig ichbezogen, mißtrauisch, grundlos neidisch,
besitzt sehr viel Phantasie

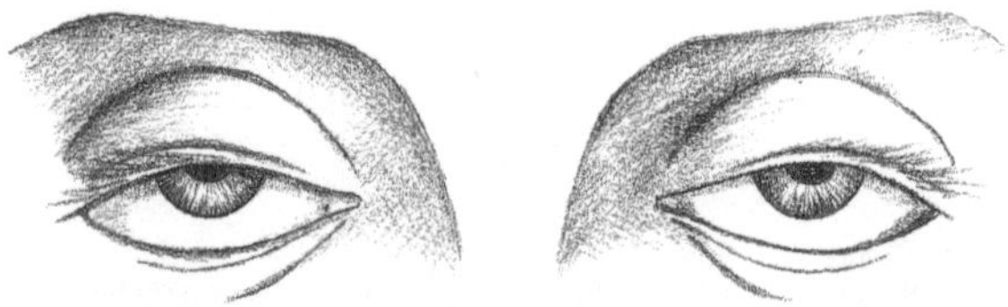

Schläfriger Blick
wenig Selbstvertrauen, geringe Erwartungen, resigniert oft
bei Enttäuschungen, träumerisch, phlegmatisch

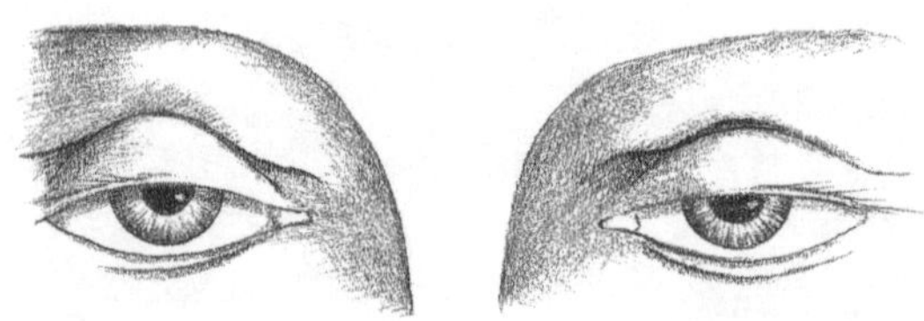

Schlüpfriger Blick
anpassungsfähig, bequem, oft sogar Mitläufermentalität,
kaum Eigeninitiative, mangelnde Konzentration

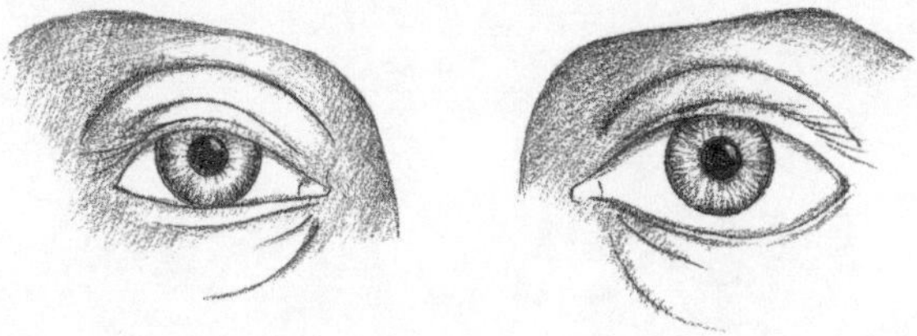

Unterschiedliche Augen
braucht Anerkennung, ehrgeizig, manchmal stur, setzt hohe Erwartungen in andere, phantasievoll

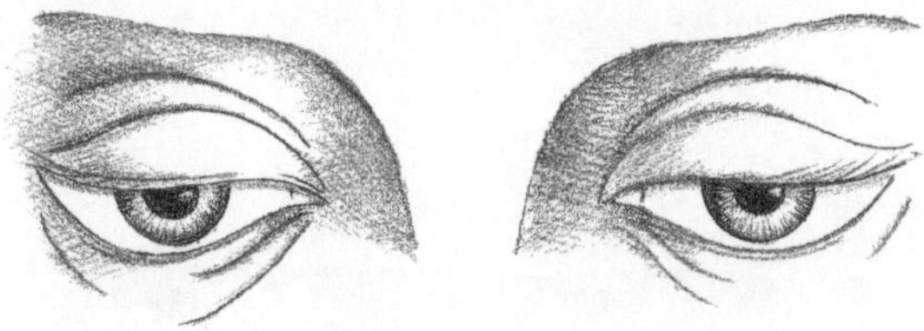

Drachenförmige Augen
große Anziehungskraft, schlagfertig, weichherzig, redet wenig über sich selbst

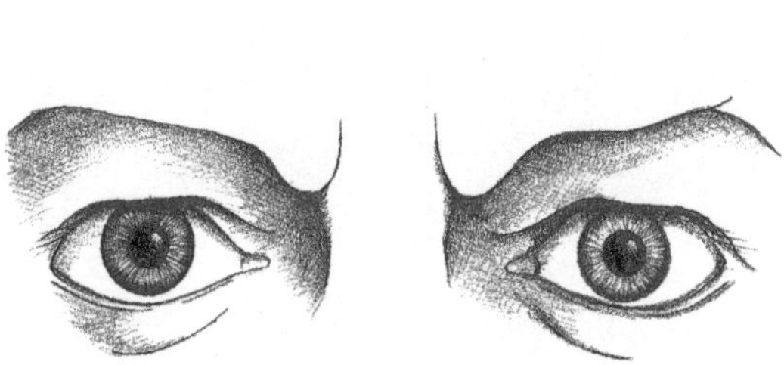

Herrischer Blick
energisch, kühl, häufig unzufrieden, besitzt enormen Tatendrang

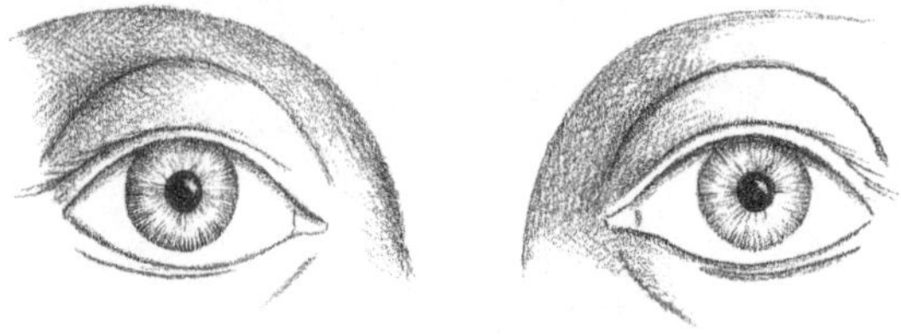

Aufgeweckter Blick
hemmungslos, scharfsinnig, hoher Intellekt, verfügt über gutes Einschätzungsvermögen

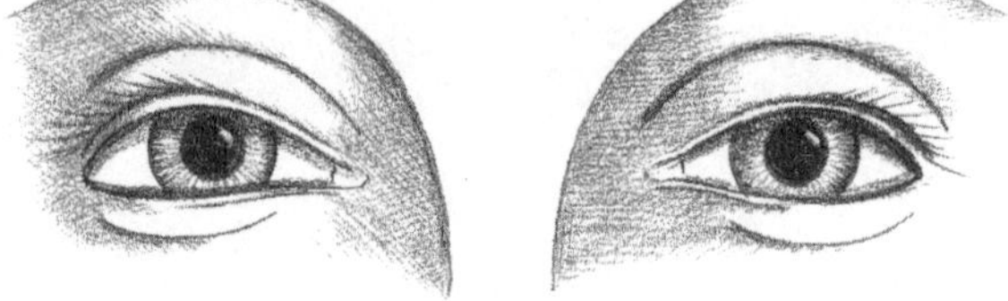

Sinnlicher Blick
enorme Anziehungskraft, gefühlsintensiv, vielseitige Interessen, tendiert zu luxuriösem Lebensstil

Die Nase

Die Chinesen glauben, daß die Nase ein Gradmesser für Reichtum und Größe ist. Aus diesem Grund bezeichnet man sie auch als Wirtschaftstresor. Aber an ihr läßt sich zugleich auch die Vitalität und die sexuelle Potenz eines Menschen ablesen. Ganz allgemein gesagt, verrät uns die Nase alles über den Verstand, das Wissen und die Liebesfähigkeit unseres Gegenübers. Es ist auffallend, wie viele Sprichwörter diesem Sinnesorgan gewidmet sind: eine gute Nase haben, den richtigen Riecher für etwas entwickeln – und viele mehr. Auch als Brücke zwischen Augen und Mund – *Siang Mien* spricht gar von der «Mitte des Lebens» – ist die Nase von Belang.

Im folgenden werden wir uns den verschiedenen Formen des Riechorgans widmen. Doch es gilt auch noch andere Faktoren zu berücksichtigen.

Aufschlußreich ist zum Beispiel die Farbe. Eine zartrosa Nase verbindet man mit Glück und innerer Harmonie. Schimmert die Nase richtiggehend rot, läßt das auf wenig Freude und auf Jähzorn schließen – oder auch auf übermäßigen Alkoholgenuß. Der chinesische Volksmund weiß hierzu: Ein rotnasiger Mensch muß nicht immer ein Trinker sein – aber man wird ihn stets so nennen.

Auch den Glanz der Nase nehmen die chinesischen Gesichtsdeuter unter die Lupe. Bevor man zu einem Glücksspiel geht, wird darauf geachtet, ob die Nase glänzt. Denn dann, so heißt es, ist mit einem Geldgewinn zu rechnen.

Nicht vernachlässigen sollte man zudem Form und Größe der Nasenlöcher. Nach *Siang Mien* deuten breite Nasenlöcher auf Geschick in finanziellen Dingen hin, während schmale auf eine boshafte Persönlichkeit hinweisen, die mißgünstig die Nüstern zusammenkneift.

Auch über die Nasenspitze weiß die Gesichtslesekunst einiges zu sagen. Ist sie breit, hat der betreffende Mensch finanziell für sein Leben ausgesorgt.

Zu beachten ist auch die Rinne, jene Einbuchtung, die unterhalb der Nasenlöcher zur Mitte der Oberlippe hin verläuft. In der chinesischen Tradition wird sie als «Kanal der Gefühle» bezeichnet. Menschen mit ausgeprägter Rinne gelten als gefühlsbetont und empfänglich für sinnliche Genüsse. Eine schwach ausgebildete Rinne signalisiert hingegen Keuschheit und unterdrückte Lust.

Gerade Nase mit gerader Spitze

Eine gerade Nase bietet nicht nur eine erfreuliche Optik, sie wird auch mit klarem Denken, Toleranz, Vertrauenswürdigkeit sowie mit unnachgiebiger Zähigkeit in Verbindung gebracht.

Fast ausnahmslos werden Menschen mit dieser Nase größten Wert auf Äußerlichkeiten legen, wobei sie alles daransetzen, ihren Auftritt mit Sorgfalt zu inszenieren, denn sie sind wahre Ästheten. Auch besitzen sie häufig einen profunden Sachverstand für Kunst und schöne Dinge. Ein gehobenes soziales Niveau und tadellose Umgangsformen scheinen für diese Menschen ebenso selbstverständlich zu sein wie eine sorgfältige Pflege des eigenen positiven Image.

Zu den weniger angenehmen Zügen gehört eine gewisse Gönnerhaftigkeit, die dieser Charakter bisweilen an den Tag legt und die bis zur Geringschätzung anderer, weniger vom Glück Begünstigter reichen kann. Dieser eitle Wesenszug kann besonders dann zum Tragen kommen, wenn die Geradnasigen es zu etwas gebracht haben, beruflich oder privat.

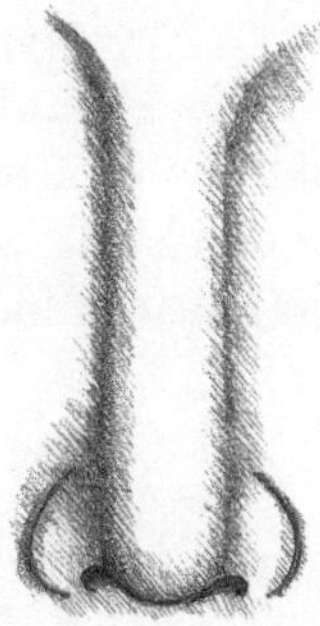

Gerade Nase mit gerader Spitze

Gerade Nase

In der Liebe fällt es diesen Menschen nicht leicht, sich zu entscheiden. Daher tendieren sie manchmal zu riskanten Dreiecksgeschichten.

Männer dieses Nasentyps kann man in Sachen Partnerschaft ohne Übertreibung als Snobs bezeichnen. Sie pflegen höchste Ansprüche an ihre Partnerin zu stellen, und sicher wäre es die Erfüllung ihrer Träume, könnte diese gar mit einem Fürstentitel aufwarten. Sollten ihre Erwartungen nicht erfüllt werden, tendieren diese Supertypen dazu, ihre sexuellen Bedürfnisse in Pornoheften auszuleben.

Frauen gelten als sehr selbstverliebt. Ihre Eitelkeit erweist sich nirgends hinderlicher als in der Liebe. Denn bevor sie einem Mann Einlaß in ihr Schlafgemach gewähren, werden sie seinen sozialen und finanziellen Background bis aufs letzte prüfen. Erst dann werden sie bereit sein, ihn mit sanften Verführungskünsten zu verwöhnen.

Beruflich brauchen Geradnasige wenig Grund zur Besorgnis zu haben. Wo immer es darauf ankommt, sich und ihr Unternehmen zu präsentieren, können diese cleveren Persönlichkeiten den Aufstieg bis ganz oben schaffen. Männer dieses Nasentyps findet man oft im Medienbereich, an der Spitze eines Unternehmens oder in künstlerischen Berufen. Frauen könnten im Chefsekretariat Karriere machen oder als Modell über den Laufsteg schweben. Nicht selten wird man sie aber auch als Hausfrau antreffen – mit Villa im Grünen, versteht sich.

Roma-Nase

Diese Nase ist lang und hat eine abwärts geneigte Spitze. Sie symbolisiert Mut, auch Mut zum Angriff – Roma-Kämpfer, die als sehr mutig galten und stets bereit waren, ihren Ruf und ihren Besitz zu verteidigen, hatten solche Nasen –, gutes Entscheidungsvermögen und klares Denken.

Roma-Nase

Menschen dieses Nasentyps scheinen auch in unserer Zeit zu Heldentaten bereit. Sie sind sehr ehrgeizig, lieben jede Art von Herausforderung und können es in mittleren Jahren zu großem Wohlstand bringen.

Beruflich können sie oft hohe Positionen in Wirtschaft oder Wissenschaft erlangen, manchmal auch beim Militär. Sie gelten als kühle Rechner und verstehen es geschickt, sich bei geschäftlichen Verhandlungen hinter einem Pokerface zu verschanzen. Die kühle Reserviertheit wird ihnen den Respekt ihrer Mitmenschen einbringen. Auch darauf basiert ihre berufliche Macht.

Menschen mit Roma-Nasen werden sich kaum dazu zwingen, ihre Erfolge unter den Teppich zu kehren, aber es wäre völlig unangebracht, sie als Prahlhänse hinzustellen. Viel interessanter scheint für sie das zu sein, was ihr Aufstieg mit sich bringt: finanzieller Reichtum und die damit verbundenen Bequemlichkeiten.

Frauen mit dieser Nase werden häufig von sexueller Abenteuerlust gepackt. Sie können scheinbar nie genug kriegen, werden sich aber auch nicht zieren, ihren Liebhabern selbst ausgefallenste Wünsche zu erfüllen.

Männer mit Roma-Nase brauchen in einer Partnerschaft vor allem eines: Herausforderung. Wird ihr sexueller Tatendrang zu rasch befriedigt, könnten sie leicht die erotische Lust an der betreffenden Frau verlieren.

Ist bei einer Roma-Nase die Nasenspitze extrem nach unten geneigt, gilt diese Person nach chinesischer Deutung als unzuverlässig und gefühlskalt.

Je kleiner die Nasenlöcher, desto risikofreudiger ist ein Mensch mit einer Roma-Nase. Dabei legt er ein unglaubliches Selbstvertrauen an den Tag – und landet tatsächlich meistens auf der Gewinnerseite.

Hakennase

Wer eine Hakennase – auch als indische Nase bezeichnet – besitzt, hat zumeist eine untrügliche Witterung für Geld und gute Geschäfte – sei es an der Börse, bei Immobilien- oder Bankgeschäften. Diese Menschen gehen in der Regel völlig in ihrer Arbeit auf und können um des Erfolges willen physisch und psychisch sämtliche Reserven aus sich herausholen.

Hakennasen werden nicht nur den Erfolg, sondern stets auch ihre finanziellen Vorteile suchen – und finden. Daß sie im Beruf den Neid, mitunter sogar die Mißgunst ihrer Mitmenschen herausfordern, ist sehr wahrscheinlich.

Obwohl ihr Reichtum ihnen überall Tür und Tor zu öffnen scheint, bleibt ihnen manchmal die gesellschaftliche Anerkennung versagt. Wer möchte sich schon – jedenfalls offiziell – mit solchen Krämerseelen umgeben? Dies dürfte das einzig unlösbare Problem dieser Nasen bleiben – aber es kann eines sein, das sich wie ein roter Faden durch ihr ganzes Leben zieht.

Beruflich können Frauen dieses Typs neben ihren kaufmännischen Instinkten hervorragende pädagogische Fähigkeiten entwickeln. Daher ist eine Laufbahn als Lehrerin, Trainerin oder Beraterin sehr wohl möglich.

Männliche Hakennasen können in jungen Jahren sehr exzessive sexuelle Neigungen entwickeln, verbunden mit der Suche nach absoluter körperlicher Übereinstimmung mit der Partnerin. Diese Männer können sehr spendabel sein, wenn sie verliebt sind. Sind die Gefühle aber verraucht, hat auch meist die Großzügigkeit ein Ende. Mit zunehmendem Alter relativiert sich in der Regel ihr Sexualtrieb, sie werden mehr und mehr den Wert echter Liebe und seelischer Harmonie zu schätzen wissen.

Hakennase

Stupsnase

Stupsnase

Die Stupsnase ist eine kleine Nase mit nach oben zeigender Spitze, die Nasenlöcher sind in der Regel gut sichtbar. Menschen mit dieser kecken Nasenform fehlt häufig die seelische und körperliche Reife. Sie signalisiert Launenhaftigkeit und Temperament, aber auch Sensibilität und Großzügigkeit.

Diese Menschen erscheinen wie Hansdampf in allen Gassen, aber ihre allzu große Sorglosigkeit kann ihnen allerhand Ärger einbringen. Im Beruf kann diese Unberechenbarkeit gelegentlich geradezu selbstzerstörerische Züge annehmen.

Gerade hier sind Tagträume vom raschen Aufstieg völlig illusionär. Zwar ist bei einigen Stupsnasen schon in jungen Jahren die Fähigkeit zum Geldscheffeln vorhanden (zum Beispiel in der Mode oder im Show-Geschäft), aber ihr Mangel an Ausdauer und

Konzentration birgt die Gefahr, das Erreichte rasch wieder zu verlieren. Manchmal hat ihr Mangel an Willenskraft auch einen ganz anderen Grund: Sie tun einfach nicht gern, was ihnen nicht gefällt.

Daß andere Menschen von diesem Charakter so bezaubert sind, mag zum Teil an dem naiven Charme liegen, den er ausstrahlt. Geht es ihm gut, wird er, ohne zu zögern, außer seinem Vermögen auch sein weiches Herz spontan verschenken.

Typisch für Menschen mit Stupsnasen ist, daß sie in der Liebe, in der sie ihre träumerischen Phantasien verwirklicht sehen wollen und die sie mit ganzer Hingabe auch genießen können, unbewußt nach Selbstbestätigung suchen. Sollte ihnen diese versagt bleiben, könnte es unter Umständen mit ihrer sexuellen Lust ein für allemal vorbeisein.

Fleischige Nase

Menschen mit fleischiger Nase – in der Mehrzahl Männer – sind großzügig, gefühlsbetont und sensibel, aber auch vernünftig genug, sich nicht auf Spekulationen einzulassen. Erfolge werden ihnen kaum in den Schoß fallen, vielmehr müssen sie sich ihren Aufstieg hart erkämpfen. Aber Kämpfernaturen sind sie meist schon von Kindesbeinen an, denn obwohl sie sehr familienorientiert scheinen, waren sie in jungen Jahren häufig gezwungen, sich allein durchzusetzen.

Privat gehört dieser Nasentyp zu der Sorte Mensch, die anderen gern behilflich ist, selbst wenn er dafür manches Opfer bringen muß. Dabei wird es ihm kurioserweise unheimlich schwer fallen, selbst Gefühle zu zeigen.

Im großen und ganzen wird sein Leben positiv mit ständig nach oben zeigender Tendenz verlaufen. Er wird nur dann zufrieden

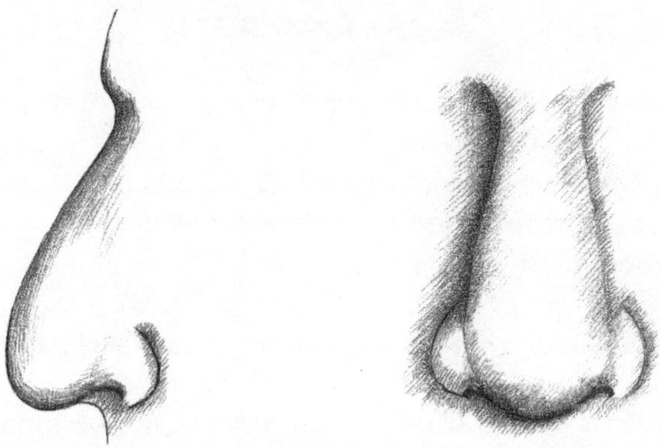

Fleischige Nase

sein, wenn er das, was er beginnt, auch zu Ende führt. Und das Gefühl der Zufriedenheit wird für diesen Charakter in jedem Fall einen höheren Stellenwert haben als pekuniäre Reichtümer. Vielleicht ist das einer der Gründe dafür, daß Menschen mit fleischigen Nasen so ausgeglichen scheinen.

Frauen dieses Nasentyps können viel Geschick im Hauswirtschaftsbereich entwickeln. Und so findet man sie denn auch häufig in entsprechenden Berufen – beispielsweise im Hotelfach.

Männer mit fleischiger Nase haben einige Probleme mit ihrer Sexualität. Man sollte glauben, daß diese verletzlichen Persönlichkeiten einfühlsame Liebhaber wären. Daß dem nicht so ist, beruht vielleicht auf ihrem Unvermögen, die Liebe auch verbal mitzuteilen. Bis sie endlich den Mut zum Liebesgeflüster gefunden haben, ist die Glut bei ihrer Herzensdame meist schon verraucht. Wenn sich Mißerfolge dieser Art häufen, besteht die Gefahr, daß solche Männer zunehmend abkühlen und zwischen vierzig und fünfzig verlernt haben, mit ihren Gefühlen richtig umzugehen. Ihre erotischen Bedürfnisse sublimieren sie dann im Berufsleben.

Höckernase

Eine höckrige Nase symbolisiert einen nach außen starken, zugleich sturen Charakter, der nur ungern von seiner einmal gefaßten Meinung abweichen wird. Daß die Stärke oft nur aufgesetzt ist, zeigt sich daran, daß sich dieser Mensch ziemlich rasch verunsichern läßt.

Dieser Charakter kann sehr großzügig sein – nicht zuletzt sich selbst gegenüber – und entpuppt sich häufig sogar als Lebenskünstler. Es wird ihm schwerfallen, sich an einen bestimmten Ort zu binden, wenn sein Hang zum Vagabundenleben erst mal an die Oberfläche gekommen ist.

Im Berufsleben besteht die Gefahr von übereilten Kurzschlußhandlungen. Da Menschen mit höckrigen Nasen wenig Geduld aufbringen, wird ein Job mir nichts, dir nichts zugunsten einer anderen Tätigkeit hingeschmissen, wenn der Erfolg einmal zu lange auf sich warten läßt.

Höckernase

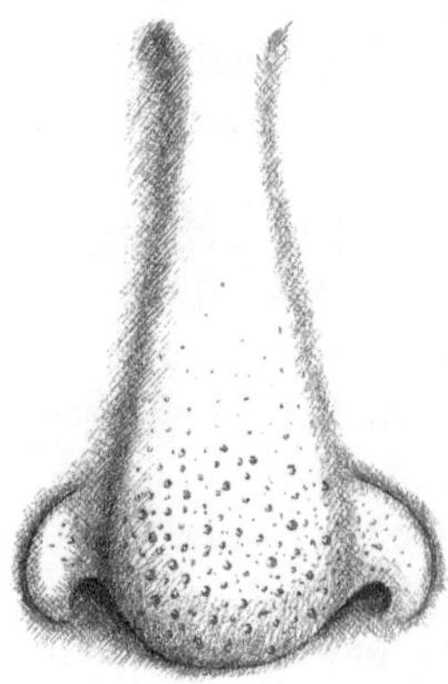

Löwennase

Eine Partnerschaft dürfte für Männer mit Höckernasen nur aus einem einzigen Grund erstrebenswert sein: um ihren ausgeprägten sexuellen Trieb zu befriedigen. Da sie es nur in Ausnahmefällen fertigbringen, auf andere Bedürfnisse ihres Partners einzugehen, erweisen sie sich oft als bindungsunfähig.

Bei Frauen besteht die Gefahr, daß sie sich nur schwer von ihrer anerzogenen Prüderie freimachen können. Im Ernstfall können sie sich nie entscheiden, ob sie nun ja oder nein sagen sollen.

Löwennase

Die Löwennase ist vorwiegend bei Männern zu finden. Bei den wenigen Frauen, die ein derart geformtes Riechorgan ihr eigen nennen, wird diese Nase schlicht als unschön empfunden.

Es besteht bei Löwennasen die ernstliche Gefahr psychischer Labilität. Sie verstehen es, Sympathien zu wecken, und können der beste Freund sein. Nur sollte man sie niemals auf eigene Fehler aufmerksam machen. Denn nichts wäre für sie schlimmer, als sie sich selbst eingestehen zu müssen. Grundsätzlich sind sie jedoch sehr großzügig und risikofreudig. Als gute Redner und energische Taktiker können sie mit einer steilen Karriere rechnen.

Beruflich werden sie überdurchschnittlich häufig an der Spitze eines Unternehmens brillieren. Denn es würde ihren großen Ehrgeiz nicht befriedigen, in einer mittelmäßigen Position auszuharren.

Auch in der Liebe scheinen diese Männer löwenmäßig: Sie brauchen einen ganzen Harem, um glücklich zu sein. Sollten sie eine feste Beziehung wagen, so ist die Wahrscheinlichkeit sehr groß, daß sie daneben noch wenigstens eine Geliebte beglücken.

Ihre sensationelle sexuelle Potenz beschert ihnen in der Regel reichen Nachwuchs.

Ist die Spitze einer Löwennase außergewöhnlich rot, ist die betreffende Person laut *Siang Mien* infarkt- oder bluthochdruckgefährdet.

Schiefe Nase

Zum Glück haben nur wenige von uns eine wirklich krumme oder schiefe Nase. Denn *Siang Mien* spricht dieser Nasenform wenig Positives zu. Menschen mit solchen Nasen gelten als labile Charaktere, sind sehr unausgeglichen und launisch und darüber hinaus bisweilen ausgesprochen gehässig.

In der eigenen Familie haben sie oft wenig Beachtung gefunden oder nicht verstanden, Interesse für sich zu wecken. Es mag sein, daß sie durch diese Erfahrungen eine besondere Verletzlichkeit entwickelt haben, die sie durch aufgesetzte Selbstsicherheit zu kaschieren versuchen. Trotz ihrer seelischen Hilfsbedürftigkeit werden sie anderen unter keinen Umständen gestatten, an sich heranzukommen. Wenn man diese Menschen etwas genauer beobachtet, wird schnell erkennbar, daß sie sich mit ihrem Zweckoptimismus selbst zum Narren halten.

Im Beruf tendieren Menschen mit schiefen Nasen dazu, ihre Mitmenschen für ihre eigenen Zwecke auszunutzen. Auch sind sie nicht gerade mit Geduld gesegnet, und daran scheitern oftmals ihre Vorhaben.

In der Partnerschaft wird Menschen mit schiefen Nasen eine geradezu sträfliche Vertrauensseligkeit nachgesagt. Sie projizieren alle ihre Sehnsüchte und Gefühle auf den Partner und sind bis ins Mark erschüttert, sollte eine Verbindung entzwei gehen.

Schiefe Nase

Stumpfnase

Wenn sie aber auf einen Partner treffen, der ebenfalls viel Liebe und Zuwendung braucht und vor allem ertragen kann, wird diese Verbindung von Dauer sein.

Stumpfnase

Der Nasenrücken verläuft ähnlich wie bei einer Stupsnase, die Nasenspitze ist jedoch dicklich und rund. Eine solche Nase symbolisiert Besonnenheit, praktisches Denken, Ausgeglichenheit und Verläßlichkeit.

Menschen mit dieser Nasenform sind die sprichwörtlichen guten Onkel und Tanten. Freunden mit dieser Nasenspitze kann man unbesorgt das intimste Geheimnis anvertrauen oder sie um Geld anpumpen – alles bleibt geheim, und es würde ihnen niemals einfallen, nein zu sagen. Die Stumpfnase gilt als die Sorte Mensch, der es ein echtes Bedürfnis ist, anderen zu helfen.

Manchmal geht ihre Gutmütigkeit sogar zu weit: Es kann leicht passieren, daß sie vor lauter Freundschaftsdiensten selbst zu kurz kommen. Wen wundert's da, daß sich meist ein großer Kreis von Freunden und Bekannten um sie schart? Zumal sie in Gesellschaft sehr unterhaltsam sein können. Da sie es insgeheim schätzen, im Mittelpunkt zu stehen, werden sie sich in aller Bescheidenheit gut amüsieren.

Die hilfsbereiten Stumpfnasen können es im Beruf recht weit bringen und im Laufe ihres Lebens mit einem kontinuierlich steigenden Wohlstand rechnen. Vorausgesetzt, sie sind bereit, Leistung zu bringen und wenigstens ein klitzekleines Risiko einzugehen. Bei allen beruflichen Unternehmungen kann man sich bei Menschen mit einer Stumpfnase auf eines felsenfest verlassen: Was sie anfangen, das wird auch zu Ende gebracht.

In der Liebe sollte man von einem Menschen mit Stumpfnase keine verzehrenden Leidenschaften erwarten – da würde man wirklich zuviel von ihm verlangen. Vielmehr hat es dieser Nasentyp auf eine solide Beziehung abgesehen. Wenn er nach einer gewissen Zeit allerdings weiß, woran er bei seinem Partner ist, kann er durchaus Sinnlichkeit und eine vorsichtige Lust an der Erotik entwickeln.

Weitere Nasenformen

Daneben sei noch auf die folgenden, ebenfalls relativ häufig anzutreffenden Nasen hingewiesen:

Platte Nase:
handwerkliches Geschick, unterhaltsam, pessimistische Grundeinstellung

Adlernase:
kühler Taktiker, geschäftstüchtig, kämpferisch, beachtliches Stehvermögen

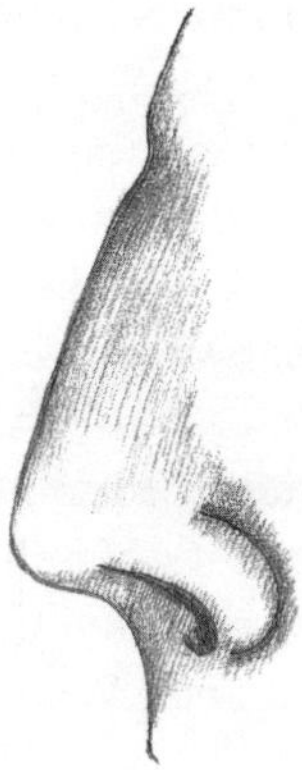

Schmale Nasenlöcher:
selbstbewußt, neigt zur Sturheit, wahrt gern Distanz, leicht verletzlich, Interesse für spirituelle oder hochgeistige Dinge

Kurze Nase:
wenig Selbstvertrauen, läßt sich immer mehrere Wege offen, freizügig, neidisch

Hoch sitzende Nase:
künstlerisches Verständnis, ruhelos, Hang zur Einsamkeit, auf der Suche nach Idealen, eitel

Der Mund und die Lippen

Nach *Siang Mien* ist der Mund neben Augen und Nase der wichtigste Teil unseres Gesichts. Er vermag Wesentliches über Verstand, Gefühl, Liebe, Persönlichkeit und Gesundheit auszusagen. Durch den Mund können wir uns anderen verbal mitteilen, durch ihn können wir – auch ohne Worte – Freude oder Traurigkeit bekunden.

Der Mund ist aber auch eines der Zentren für unsere körperliche Lust. Kein Wunder also, daß der Gesichtsdeuter allerlei zum Thema Liebe aus ihm zu lesen vermag. In China sagt man, der Mund reflektiere die Sinnlichkeit des weiblichen Geschlechts. Daher wurden junge Mädchen seit altersher dazu erzogen, ihre Lippen zu verschließen, um ihre Sexualität nicht zu offenbaren.

Ein chinesisches Sprichwort sagt aber auch: Hat ein Wort deine Lippen verlassen, so vermag das schnellste Pferd es nicht einzuholen. Was uns dazu ermahnen soll, die Worte, bevor sie uns über die Lippen kommen, gut abzuwägen.

Für eine Deutung konzentrieren wir uns im folgenden primär auf die Beschaffenheit der Lippen. Generell gilt: Die Oberlippe steht für Gefühl, Verstand und passive Bedürfnisse, die Unterlippe für die aktive Umsetzung der eigenen Wünsche.

Die Gesichtsdeutung betrachtet daneben auch die Farbe und den Glanz der Lippen. Zart glänzende Lippen sind immer ein Zeichen für Gesundheit und Wohlbefinden, matte dagegen deuten an, daß sich der Körper in Unruhe befindet, daß zum Beispiel organische Veränderungen stattfinden.

Sind die Lippen leicht rosa gefärbt, kann man davon ausgehen, daß diese Person keine himmelstürmenden Bedürfnisse anmelden wird, sondern eher bescheiden in ihren Ansprüchen ist. Sind sie rot und sichtlich gut durchblutet, ist dieser Mensch aufrichtig, geradlinig, aber durchaus auch ehrgeizig. Dunkle Lippen deuten auf eine materiell orientierte Person hin mit extravaganten sexuellen Bedürfnissen; ihre Gefühle versteht sie bewußt zu steuern und scheint nie die Kontrolle über sich zu verlieren.

Für Frauen mit dunklen Lippen ist Sex zwar wichtig, aber kaum das Thema Nummer eins. Sie richten ihr Interesse lieber auf andere Qualitäten: eine gute Mutter zu sein beispielsweise. Sehr blasse Lippen zeigen häufig sexuelle Zurückhaltung an, manchmal sogar Frigidität.

Wie aber sieht der ideale Mund aus? Er ist gut proportioniert, hat klare Konturen und einen ansteigenden Mundwinkel. Die Lippen sollten eher feucht als trocken sein. Die Linie, die Ober- und Unterlippe trennt, sollte gerade sein.

Doch der perfekte Mund wird genauso selten zu finden sein wie andere perfekte Gesichtsmerkmale.

Kleiner Mund

Introvertiert, willensstark und liebenswürdig sind Menschen mit kleinem Mund, die es im Leben recht weit bringen können. Zu einer sensationellen Karriere verhelfen ihnen aber manchmal gerade die weniger günstigen Eigenschaften: eine gehörige Portion Egoismus und ihre Selbstherrlichkeit.

Menschen mit kleinem Mund werden sich durch Schwierigkeiten nicht unterkriegen lassen. Kaum jemand beherrscht die Kunst, sich durchzuboxen, so gut wie sie. Je kleiner der Mund ist, desto größer die Wahrscheinlichkeit, daß der Selbstbehauptungswillen zum prägenden Element ihrer Persönlichkeit wird. Bei diesen Personen stellt sich häufig auch ein starker Drang nach Unabhängigkeit ein, der sie leicht zu Einzelgängern macht.

Kleiner Mund

Sie werden öfter, als ihnen selbst lieb ist, als Solisten auftreten (müssen), weil sie überzeugt sind, immer und an allem herumkritisieren zu müssen. Und was ihnen das Leben noch schwerer macht: Sie können gnadenlos taktlos sein in ihrer Kritisiererei.

In der Liebe können Frauen recht anspruchslose, passive Partnerinnen sein, die in jüngeren Jahren extrem schnell schwanger werden – vorausgesetzt, sie lassen sich überhaupt erobern. Eine Ehe mit ihr wird in der Regel sehr harmonisch verlaufen, sofern «er» sich damit abfinden kann, daß sie ihr Leben ganz auf Küche, Kind und Kirche ausrichtet.

Ein kleinmundiger Mann dürfte in der Liebe durchaus etwas zu sagen haben, weil er ein beherrschender, aber dennoch interessanter Liebhaber sein kann, der Sex als Kunst zu zelebrieren weiß. Ob eine Beziehung mit ihm auf Dauer möglich ist, hängt sehr davon ab, wieweit eine Partnerin bereit ist, sich seinen Bedürfnissen anzupassen.

Großer, voller Mund

Ein großer, voller Mund wirkt mit Sicherheit erotisch und signalisiert besonders bei Frauen, die ihre üppigen Lippen noch zusätzlich hervorheben, betörende Sinnlichkeit. Manchmal auch einen Hang zur Frivolität. Laut *Siang Mien* ist ein großer, konturierter Mund das deutlichste Zeichen für Leidenschaft.

Von Natur aus sind diese Personen äußerst kontaktfreudig, und man trifft sie überwiegend in Gesellschaft. Sie tendieren allerdings dazu, sich mit oberflächlichem Geplänkel zufriedenzugeben. Teils weil sie von der Bewunderung anderer abhängig scheinen, teils weil sie zu ernsthafteren Beziehungen schlicht unfähig sind.

Auf den ersten Blick vermittelt der volle Mund den Eindruck von mehr Schein als Sein. Und leider fördert in den meisten Fällen auch eine nähere Betrachtung keinen Deut mehr Sein zutage.

In einer Partnerschaft werden Menschen mit üppigem Mund ihre Liebespartner ein ums andere Mal erotisch begeistern. Wer es versteht, sie auf diesem Gebiet zufriedenzustellen, wird von ihrer Großzügigkeit überrascht sein. Ihre große Ichbezogenheit macht sie zwar nicht gerade sehr gefühlvoll, aber auf ihre treue Leidenschaftlichkeit kann man sich verlassen.

Großer, voller Mund

Obere Lippe dicker als die untere

Ist die obere Lippe dicker als die untere, sehen die Chinesen dies als ein Zeichen für Unaufrichtigkeit. In unserem Kulturkreis hingegen bewertet man diese Personen weit positiver: als gefühlsbetont, meist sehr sinnlich und sehr großzügig zu sich und anderen. Auch gelten sie als gewandte Redner, die offen und überzeugend eine Sache vertreten können.

So geschickt sie im Beruf für die ihnen überantworteten Belange eintreten können, so uneingeschränkt fordern sie für sich ein happiges Stück Lebensqualität. Denn sie sind in der Regel Genießer par excellence. Sie haben mehrheitlich ein Faible für gutes Essen und sind oft sogar selbst großartige Köche. Genießen können sie aber auch die Poesie und andere Künste. Allerdings besteht die Gefahr, daß ihre mit dem Genußsinn verbundene Phantasie mit ihnen durchgeht und ihr Realitätssinn aus dem Gleichgewicht gerät.

Obere Lippe dicker als untere

Diese Menschen scheinen das Leben leichtzunehmen. Sie brüten nicht lange über Problemen und werden sich mit Vorliebe angenehmen Dingen zuwenden – der Liebe oder der Kunst der Verführung beispielsweise. Und die scheinen sie meisterhaft zu beherrschen. Kein Wunder also, daß diese Personen – weibliche wie männliche – als beste Liebhaber gelten, bei denen ein Partner sich über Mangel an Lüsten vielfältiger Art kaum beklagen dürfte.

Untere Lippe dicker als die obere

Menschen mit dickerer Unterlippe gelten als nicht besonders vertrauenswürdig. Mag sein, daß ihr Hang zu ständiger Geschwätzigkeit zu diesem Image beiträgt. Aber auch ihre gelegentliche Selbstüberschätzung wird dazu beitragen, daß den dicken Unterlippen Anerkennung oft versagt bleibt.

Angesichts ihrer angeborenen Redegewandtheit und Schlagfertigkeit haben diese Personen aber recht gute Chancen im

Bereich Entertainment: Ihre Mitmenschen zu unterhalten fällt ihnen nicht schwer. Ihr Erfolg wird ihnen so lange sicher sein, als niemand von ihnen verlangt, im Team mit anderen zusammenzuarbeiten.

Nebenbei: Sechzig Prozent aller Männer haben eine dünne Oberlippe!

Frauen und Männer mit dicken Unterlippen wirken sehr sinnlich und anziehend, und sie dürften auf vielerlei zwischenmenschliche Erfahrungen zurückblicken. Manchmal erwecken sie allerdings den Eindruck, daß sie geradezu zwanghaft nach Liebe und Erotik suchen. Vielleicht ist das der Grund dafür, daß sie ständig auf Liebespartner treffen, die von Treue ebensowenig zu halten scheinen wie sie selbst.

Untere Lippe dicker als obere

Vorstehende Oberlippe

Diese Lippenform findet man am häufigsten beim weiblichen Geschlecht. Diese Menschen vermitteln den Eindruck von Unsicherheit und mangelnder Courage – niemand scheint so überzeugt von ihrer Talentlosigkeit zu sein wie sie selbst.

Ihre pessimistische Selbsteinschätzung kommt nicht von ungefähr. Oft läßt sich zurückverfolgen, daß sie in der Jugend wenig Liebe und Aufmunterung erfahren haben und ihre Wünsche im Interesse anderer zurückstellen mußten.

Im Beruf dürfte die Angst vor Entscheidungen und Verantwortung den Sprung in leitende Positionen so ziemlich unmöglich machen, aber als untergeordnetes Mitglied eines Teams könnten sie glücklich werden.

Gesundheitlich läßt sich bei vorstehenden Oberlippen eine Tendenz zu allergischen Krankheiten feststellen. Daß solche Erkrankungen in der Regel eher psychische als organische Ursachen haben, dürfte feststehen.

Wer mit diesen Menschen über Partnerschaft und Sex reden will, wird von ihnen empört zurückgewiesen. Die Liebe ist für sie ein Tabu-Thema – aber in der Praxis scheinen sie sie dennoch zu genießen. Das Bett ist der einzige Ort, wo sie alle ihre Ängste über Bord werfen können und voll und ganz in ihrer Sinnlichkeit aufgehen.

Vorstehende Oberlippe

Vorstehende Unterlippe

Vorstehende Unterlippe

In China genießt eine Frau mit vorstehender Unterlippe wenig Ansehen: Man sagt, sie schleppe Hab und Gut ins eigene Heim zurück. In unseren Breiten jedoch erscheinen diese Menschen als sehr warmherzig und vor allem als frei und unabhängig.

Sie überraschen häufig auch als clevere Geschäftsleute. Weiblichen Personen dieses Typs liegt dabei weniger an ihrem beruflichen Ansehen denn an den pekuniären Annehmlichkeiten, die sie durch den Erfolg erlangen können.

Männer dieses Lippentyps hingegen sind stärker daran interessiert, im Job das Zepter zu schwingen. Nicht selten wurde ihnen schon in der Jugend ihr Anspruch auf eine Führungsrolle eingetrichtert.

Feines Benehmen ist Menschen mit vorstehender Unterlippe ebenso fremd wie die Verbundenheit mit einem bestimmten Ort oder einer Region.

Auch in Sachen Partnertausch tendieren sie zum Vagabundentum: Am fliegenden Partnerwechsel scheinen sie Vergnügen zu finden. Besonders Männer würden eine Gefahr für ihre Unabhängigkeit wittern, sollte ihre Geliebte standesamtliche Ansprüche anmelden.

Frauen mit vorstehenden Unterlippen scheinen partnerschaftliche Besitzansprüche sowieso fremd. Für sie wird selbst dann die Welt nicht einstürzen, wenn sie entdecken sollten, daß ihr Lover sein Bett auch mit anderen Frauen teilt.

Vorstehende, nach außen gewölbte Lippen

Menschen mit nach außen gewölbten Lippen werden sich kaum die Mühe machen, ihre Eitelkeit und Arroganz zu verstecken. Auch dürften sie sich kaum über Langeweile beklagen – denn sie setzen sich oft genug selbst unter Streß, um sich und anderen zu beweisen, wie toll sie sind.

Menschen mit diesen Lippen sind in der Regel recht aufgeschlossen. Eine besondere Intelligenz sollte man von ihnen allerdings nicht erwarten. Dafür haben sie zuweilen eine ausgeprägte künstlerische Begabung. Die meisten von ihnen kommen einem wie ein Schauspieler vor, der ständig auf der Bühne steht.

Ihr Umgang mit anderen könnte sich manchmal konfliktreich gestalten: Ihr eigenwilliger Charakter wird es nur selten zulassen, daß sie intime Freundschaften schließen – vielleicht wegen der Angst, daß sie dann etwas von ihren Empfindungen preisgeben müßten.

Vorstehende, nach außen gewölbte Lippen

In der Liebe braucht dieser Typus viel Geduld. Es dauert seine Zeit, ihn davon zu überzeugen, daß Sex die schönste Nebensache der Welt ist. Doch auch wenn er sich beim Vorspiel noch ziert – wenn er erst mal auf den Geschmack gekommen ist, wird er als tadelloser Liebhaber dastehen.

Gerade Lippen

Menschen mit geraden Lippen spricht man viel Power, Wißbegier und Intelligenz zu. Aber sie gelten auch als unbequeme Streiter, die ihren Standpunkt mit allen Mitteln durchzusetzen versuchen. Dabei scheinen sie auch nicht davor zurückzuschrecken, andere hinters Licht zu führen, wenn sie sich dadurch einen Vorteil versprechen.

Im Beruf werden sie immer eine Spitzenposition anstreben, weil es ihr Selbstbewußtsein beleidigen würde, wenn man ihnen etwas Geringeres zumutete.

Auch in der Liebe sind diese Menschen durch ihren Intellekt bestimmt. Manchmal kommt allerdings ein gehöriges Maß an Lüsternheit dazu. Es mag unlogisch klingen, aber sollten ihre diesbezüglichen Ambitionen allzu rasch befriedigt werden, verlieren sie leicht das Interesse am Sex. In späteren Jahren werden sie sehr viel mehr Wert auf partnerschaftliche Harmonie legen. Schließlich wissen sie, daß Erotik nicht alles ist.

Gerade Lippen

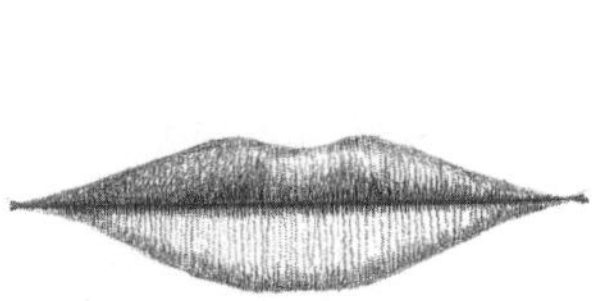

Gerade Linie zwischen Lippen

Schiefer Mund

Ein schiefer Mund ist nach *Siang Mien* ein Symbol für Unredlichkeit und Hinterlist. Im chinesischen Volksmund heißt es: Schiefer Mund – schiefe Gedanken! Doch man sollte bei einer Gesichtsdeutung in diesem Fall ganz gewissenhaft erst einmal auch alle anderen Merkmale berücksichtigen, bevor man vorschnelle Schlüsse zieht. Denn nicht alle Menschen mit einem schiefen Mund sind zwangsläufig Bösewichter.

Allerdings tendieren sie charakterlich dazu, sich ihre eigenen Wahrheiten zu schaffen. Zudem ist ein Hang, über andere herzuziehen, vorhanden. Auch wenn es sicherlich zu drastisch wäre, diese Menschen als potentielle Lügner hinzustellen – auf ihre Mitmenschen machen sie häufig diesen Eindruck. Zweifellos wird der schiefe Mund viel Mühe darauf verwenden müssen, sein ungünstiges Image zu überwinden.

Schiefer Mund

In der Liebe fehlt es Frauen und Männern an echter Ausdauer. Langfristige Beziehungen kommen deshalb nur selten zustande. Bedingt durch ihr ungünstiges Charakterbild, bleiben sie sogar häufig ihr Leben lang allein.

Auf der Suche nach der großen, wahren Liebe können sich diese Menschen in allerlei Abenteuer verstricken. Sogar Dreiecksbeziehungen sind keine Seltenheit. Sie werden letztlich aber daran scheitern, daß sie selbst im Bett die Lippen nicht verschließen können.

Nach oben gezogene Mundwinkel

Nach *Siang Mien* spiegeln nach oben gezogene Mundwinkel Glück wider. Tatsächlich sehen diese Menschen ja so aus, als würden sie unentwegt lächeln. Ihr Mund vermittelt den Eindruck von Freude und Optimismus – und bis zu einem gewissen Grad entspricht das wohl auch den Tatsachen.

Wer so glücklich aussieht, bleibt meist nicht lang allein. Denn andere fühlen sich von dieser optimistischen Ausstrahlung fast magisch angezogen. Allerdings kann dies für die nach oben weisenden Mundwinkel rasch zur Last werden, weil die Sympathie, die man ihnen entgegenbringt, mitunter Züge einer Umklammerung annehmen kann.

Diesem Menschentyp scheint ein einfacher Lebensweg vorbestimmt, zumal er sehr phantasievoll und anpassungsfähig ist. Zuweilen wird er ohne Scham auf eine kleine Notlüge zurückgreifen, wenn er sich einen Vorteil davon verspricht.

Nach oben gezogene Mundwinkel

Männer mit nach oben zeigenden Mundwinkeln gelten häufig als Playboys – aber sie sind charakterlich viel zu harmlos, um Herzensbrecher zu sein. Unbestreitbar dürfte hingegen ihre Vorliebe für vollbusige Frauen sein.

Frauen mit solchen Mundwinkeln lieben leidenschaftlichen Sex, vor allem morgens. Sie gelten als aktive, raffinierte Liebhaberinnen, deren Leben ohne Sex an Glanz verlieren würde. Aber sie können auch sehr romantisch sein, und wenn diese Seite ihres Charakters zum Tragen kommt, können sie eine wirklich filmreife Lovestory erleben.

Nach unten gezogene Mundwinkel

Wer einen solchen Mund hat, erweckt den Anschein, daß er von Sorgen gebeugt ist, und verbreitet, häufig ohne daß es ihm bewußt ist, eine pessimistische Stimmung. Nach *Siang Mien* besteht bei nach unten gezogenen Mundwinkeln die Gefahr von Magen- und Verdauungsproblemen.

Diesem sehr traditionsverbundenen Charakter scheint ein kompliziertes Schicksal vorbestimmt, besonders in jungen Jahren können allerlei Schwierigkeiten auftauchen. Als geborene Einzelgänger werden sie glücklicherweise schnell dahinterkommen, daß niemand bereit ist, ihnen den Rücken zu stärken, und sich darauf einstellen.

Trotz ihrer großen Intelligenz scheinen sie auf karrierefördernde Beziehungen keinen Wert zu legen. In China sagt man: Sie singen nicht die richtige Melodie. Was im Klartext heißt: Diese Menschen werden um ihren Aufstieg wirklich hart kämpfen müssen. Hinderlich könnte zusätzlich auch ihre Neigung sein, unverblümt ihre Meinung zu sagen.

Nach unten gezogene Mundwinkel

Erst nach dem fünfundvierzigsten Lebensjahr wird ihr Lebensglück kontinuierlich ansteigen, und auch dann erst wird eine Liebesbeziehung von Dauer sein und ihnen unter glücklichen Bedingungen Erfüllung bringen. In jungen Jahren scheint nämlich das Bedürfnis nach Sex und wechselnden Beziehungen größer als das nach einer echten Bindung.

Weitere Mundformen

Daneben trifft man vor allem noch auf die folgenden Mund- und Lippenformen:

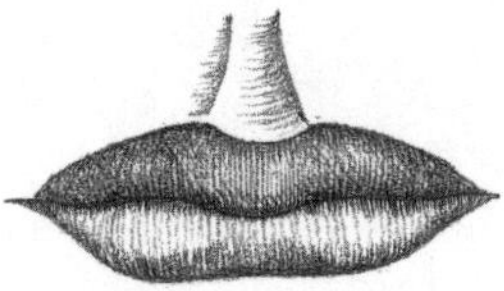

Linien zusammenlaufend:
(konvergent)
starke Gefühle, leidenschaftlich, temperamentvoll, große Sensibilität für die Belange anderer

Linien auseinanderlaufend:
(divergent)
diszipliniert, selbstbeherrscht, genügsam, aber zweckorientiert, abenteuerlustig

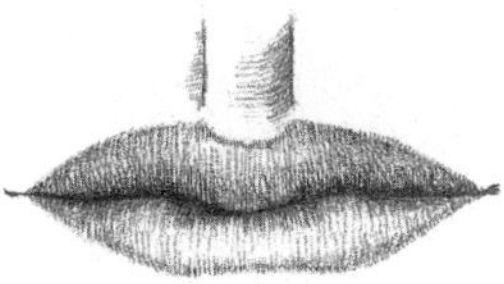

Linien parallel:
nachdenklich, zuverlässig, aufmerksam anderen gegenüber, scheut das Risiko und jede Veränderung

Dicke Lippen:
leidenschaftlich, begeisterungsfähig, sehr gefühlsbetont, weicher Charakter, risikofreudig

Gewellte Linien zwischen den Lippen: großes Selbstvertrauen, aufgeschlossen, braucht materielle Sicherheit, guter Redner, steht gern im Rampenlicht

Mundwinkel mit Grübchen: leidet unter Minderwertigkeitskomplexen, stellt sich gern selbst dar, ist nachtragend, gilt als Lebenskünstler, künstlerische Talente

Die Zähne

In China ist man der Ansicht, daß sich an den Zähnen nicht nur die Gesundheit und Konstitution erkennen läßt, sondern daß sie auch Hinweise geben auf die Entwicklung eines Menschen, vor allem auf seine Erziehung durch die Eltern. Doch anhand der Zähne können wir auch etwas erfahren über unsere zwischenmenschlichen Beziehungen.

Hat jemand schlechte Zähne, wird er sie nur ungern zeigen – indem er selten herzlich lacht zum Beispiel. Man sagt, wer schlechte Zähne hat, entwickelt fast zwangsläufig auch Komplexe und zieht sich zurück, auch innerlich. Und er wird mitunter ganz unzufrieden mit sich selbst.

Besitzt jemand aber ein prächtiges Gebiß, regelmäßig gewachsene und glänzende Zähne, wird auch seine Stimmung und sein Umgang mit anderen von Freude und Lachen bestimmt sein.

Im folgenden stelle ich in Kurzform einige der wichtigsten Zahnmerkmale vor, auf die Sie achten sollten:

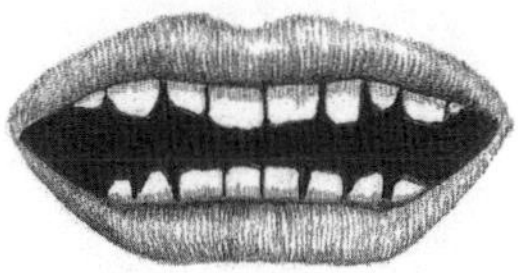

Unregelmäßige Zähne:
triebhaftes Sexbedürfnis, launisch, Hang zur Schwermut, fängt vieles an, ohne es zu Ende zu bringen

Lange Zähne:
unentschlossen, langsam, redegewandt, fabelhaftes Gedächtnis, meidet jedes Risiko

Große vordere Schneidezähne:
stur, ungeduldig, sehr sinnlich, braucht ständig Anerkennung von anderen

Gleichmäßige Zähne:
offen, optimistische Grundeinstellung, risikofreudig, emotional

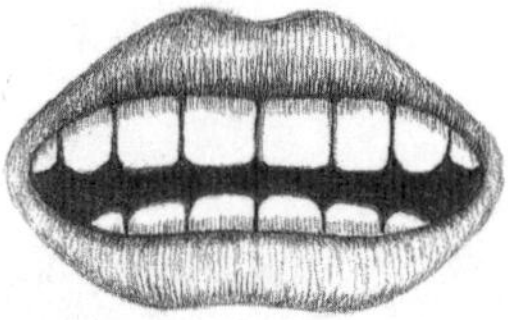

Große Zähne:
geschäftstüchtig, auf eigenen Vorteil bedacht, braucht immer neue Aufgaben, Sicherheitsdenken, heimlich eitel

Kleine Zähne:
traditionsbewußt, ehrgeizig, mit Hang zum Egoismus, aktiv, verwöhnt sich selbst gern

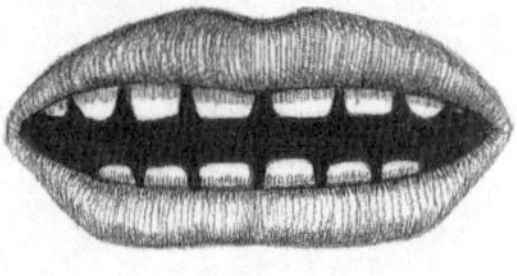

Lücke zwischen Zähnen:
hat keine klare Linie, ändert häufig seine Meinung, höchstes Ziel ist die eigene Bequemlichkeit

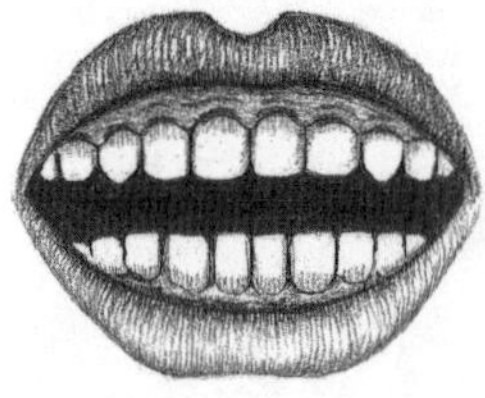

Zahnfleisch beim Lachen sichtbar:
kontaktfreudig, vertritt selten eigenen Standpunkt, ängstlich, übt Zurückhaltung in eigener Sache, umgänglich

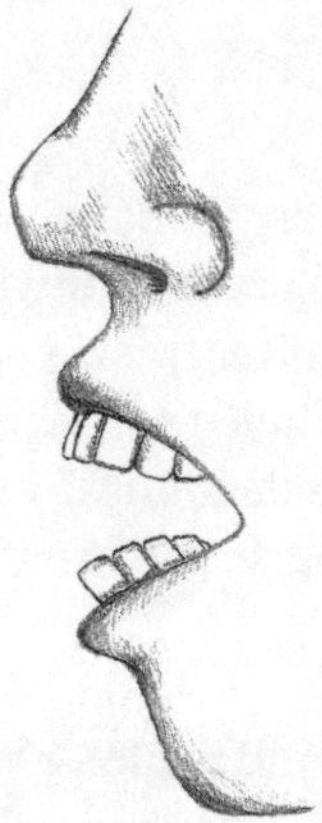

Vorstehende Zähne:
eigensinnig, manchmal stur, kommunikationsfreudig, schwindelt für den eigenen Vorteil

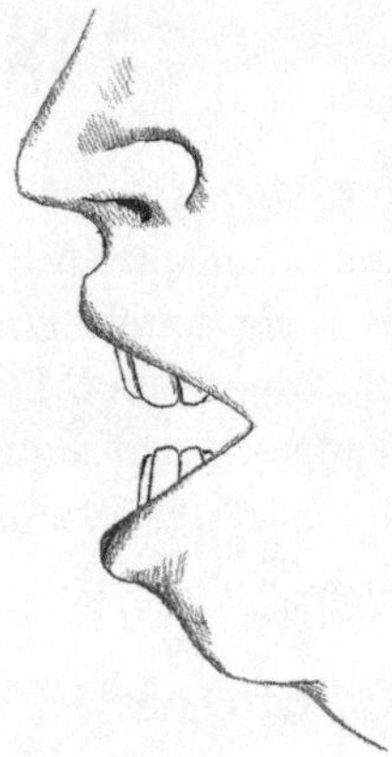

Zähne nach innen:
denkt und handelt unkonventionell, schüchtern, verschlossen, kann schlecht auf andere zugehen

Die Wangen

Nach *Siang Mien* spricht man dann von idealen Wangen, wenn sie im Zusammenspiel mit der Nase Ausgewogenheit aufweisen und leicht rosig schimmern. Grundsätzlich gelten rosige Wangen in der chinesischen Deutung als glückverheißend. Wohlgeformte Wangen repräsentieren Energie, Entscheidungsfreudigkeit, Durchsetzungsvermögen im Beruf als auch privat, Glück und Willensstärke.

An der Beschaffenheit der Wangen läßt sich zum Beispiel sehr gut feststellen, wie sich die Karriere eines Mannes zwischen seinem dreißigsten und fünfundvierzigsten Lebensjahr entwickeln wird. *Siang Mien* sagt: Je höher die Wangen, um so erfolgversprechender seine Laufbahn. Wer aufmerksam die Gesichter erfolgreicher Unternehmer oder Wirtschaftsbosse studiert, wird feststellen, daß diese Menschen häufig stark ausgeprägte Wangenknochen besitzen. Während in unserem Kulturkreis knochige Wangen als besonders attraktiv und günstig gelten, gehen die chinesischen Meister von ganz anderen Vorstellungen aus: *Siang Mien* lobt runde Backen; sie zeigen an, daß ihr Besitzer größere Macht hat als jemand mit mageren oder flachen Wangen.

In der chinesischen Medizin ist der Wangenbereich mit entscheidend bei der Erstellung einer Diagnose. Anhand der Farbe der Wangen lassen sich vielerlei gesundheitliche Veränderungen erkennen. Gesundheitliche Risiken bei roten Wangen: Probleme mit den Lungen, Bluthochdruck. Schimmern die Wangen in einem dunklen Rot: Herz und Galle sind besonders gefährdet. Tritt im Wangenbereich plötzlich ein roter Ausschlag auf, muß der Betreffende mit Magen- oder Darmstörungen rechnen. Nehmen die Wangen gar eine bläuliche oder grünliche Färbung an, spricht man von Unglück in der Verwandtschaft. Sehr dunkle oder schwärzliche Wangen sind ein Symbol für großes Unglück oder jedenfalls für eine Verschlechterung der Lebenssituation.

Der traditionellen Lehre nach müssen wir im Bereich der Wangen auch den Muttermalen oder Leberflecken Aufmerksamkeit gönnen. Es heißt, daß beim plötzlichen Verschwinden eines Muttermals oder bei dessen Veränderung (insbesondere zwischen dem vierzigsten und zweiundvierzigsten Lebensjahr) ein Arzt konsultiert werden sollte. In China sagt man: Es kündigt sich großer Verrat an. Es wird empfohlen, in dieser Zeit keine größeren Reisen anzutreten und auch längere Autofahrten nach Möglichkeit zu vermeiden.

Runde hohe Wangen

Wer einen Menschen mit hohen Wangenknochen zu übervorteilen versucht, sollte sich das lieber zweimal überlegen, behaupteten schon die alten Meister des *Siang Mien*. An dieser Aussage ist was dran, denn dieser Wangentyp zeichnet sich aus durch Mut, Energie, Zähigkeit und einen starken Willen.

Daß dieser starke Charakter sich jemals mit Mittelmäßigkeit zufriedengeben würde, ist mehr als unwahrscheinlich. Manchmal kann seine Dynamik den Mitmenschen ein bißchen angst machen. Weit häufiger aber, besonders im Beruf, lassen sie sich von dieser Energie mitreißen.

Nichts peitscht Menschen mit runden hohen Wangen mehr an als die Aussicht auf Erfolg und Karriere. Damit stehen sie allerdings auch in ständiger Gefahr, daß ihr Wesen herrische, mitunter arrogante Züge annimmt.

Den Höhepunkt ihrer steilen Karriere erreichen sie in der Regel vor dem fünfundvierzigsten Lebensjahr. Wer es bis dann nicht geschafft hat, als Unternehmer, Manager oder vielleicht auch Politiker von sich reden zu machen, der muß andere Gesichts-

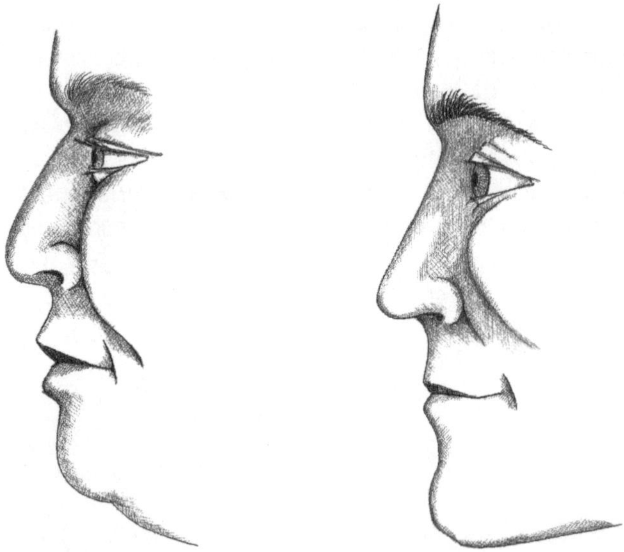

Runde Wange Hohe Wange

charakteristika aufweisen, die starke Negativtendenzen implizieren.

Frauen mit hohen runden Wangen haben nicht nur im Beruf, sondern auch zu Hause das Sagen. Und sie verkaufen sich gern als der Typ Frau, der es spielend fertigbringt, Karriere, Ehe und Familie unter einen Hut zu kriegen.

Wenn man das Liebesleben der Erfolgsverwöhnten etwas näher betrachtet, dürften einige Konflikte ans Licht kommen. Es ist sehr wahrscheinlich, daß ihre Tendenz, sich zum Herrscher aufzuschwingen, vor der Partnerschaft nur schwer haltmachen wird. Nur in den seltensten Fällen wird der Partner auf Dauer so viel Dominanz ertragen können oder wollen.

Knochige hohe Wangen

Sind die hohen Wangen nicht gerundet, sondern von deutlich ausgeprägter Knochigkeit, haben wir es mit einem Menschen zu tun, der zwar klug ist, aber nicht gern viele Worte macht, am wenigsten über sich selbst. Meist ist er ein Einzelgänger – und dies nur zum Teil aus eigenen Stücken. Denn häufig scheint dieser ernsthafte, meist gutaussehende Mensch vom Schicksal zur Einsamkeit verdammt. Er hat in der Regel nur wenige Freunde. Und die werden sich wohl kaum die Mühe machen, ihm in der Not zur Seite zu stehen.

Finanzielle Schwierigkeiten hat dieser Charakter selten. Doch in seinem Leben wird es Phasen geben, in denen es einige durchaus ernste Probleme zu bewältigen gibt. Dann kann es passieren, daß er sich sehr unglücklich fühlt und sich nach Zuwendung sehnt. Nur bringt er es selten fertig, das auch zuzugeben.

Knochige hohe Wange

Da diese Menschen auf das andere Geschlecht eine große erotische Anziehungskraft ausüben, gehen sie oft hintereinander mehrere «Lebensabschnittsbeziehungen» ein. *Siang Mien* sagt aber auch, daß sie in der Partnerschaft mit harten Schicksalsschlägen oder einem plötzlichen Verlust rechnen müssen.

Flache Wangen

Diese Wangenform ordnet *Siang Mien* einem Menschen zu, der Konflikten und Herausforderungen am liebsten aus dem Weg geht. Schlimmstenfalls gelten diese Wangen sogar als ein Zeichen für Feigheit und Wankelmütigkeit.

Im Berufsleben wird ihr angeborener Mangel an Disziplin manches Fiasko verursachen. Diese Menschen sind oft keine guten Kollegen, weil es ihnen an Stehvermögen fehlt, eine begonnene Arbeit zu Ende zu bringen, und sie diese dann allzugern auf andere abwälzen.

Die Vermutung liegt nahe, daß sie sich durch diese Vorgehensweise im Kollegenkreis unbeliebt machen, aber das scheint keineswegs der Fall zu sein. Sie beherrschen nämlich perfekt die Kunst, ihren Charme ganz zielbewußt einzusetzen. Obwohl wenig ambitioniert, hilft ihnen dieses Vermögen manchmal sogar, in gehobene Positionen aufzusteigen. Erfolg ist für sie stets weniger eine Frage von Fleiß denn von darstellerischem Geschick.

Mit ihrem Geld gehen diese Menschen in der Regel recht sorglos um, wodurch sie sich bei ihren Freunden natürlich großer Beliebtheit erfreuen. Ob sie sich diese Großzügigkeit auch leisten können, bleibt allerdings fraglich.

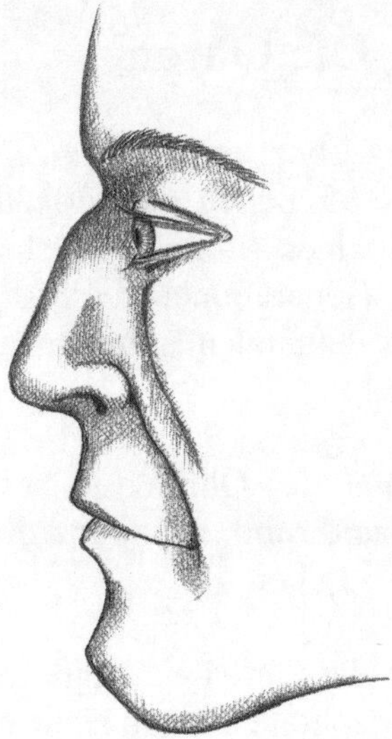

Flache Wange

Frauen mit flachen Wangen scheinen mitunter etwas gefühlsarm. *Siang Mien* sagt, daß sie dazu tendieren, sich nach der Eheschließung total von ihrem Elternhaus abzukehren, um sich ausschließlich ihrer eigenen Familie zuzuwenden. Wenn sie auch nicht als umwerfend gefühlvolle Liebespartnerinnen gelten, können sie sich doch für ihren Partner durch enorme Duldsamkeit und viel Verständnis unentbehrlich machen.

Die Ohren

In der Zeit zwischen der Geburt und dem vierzehnten Lebensjahr geben die Ohren eines Menschen die verläßlichsten Anhaltspunkte für die Deutung seiner Zukunft – so lehrt uns die chinesische Gesichtslesekunst. Generationen von *Siang Mien*-Meistern haben eine Reihe von bedeutenden Erkenntnissen über das Ohr zusammengetragen.

Allgemein gilt: Je größer das Ohr, desto besser. Große, gut geformte Ohren – glatt und rund, weich und dick – versprechen Intelligenz und ein langes Leben.

Um herauszufinden, ob die Ohren eine gute Lage haben, zieht man gedanklich eine horizontale Linie in Höhe der Augenbrauen und eine andere unterhalb der Nasenspitze. Liegen die Ohren zwischen diesen beiden Linien, ist eine blendende Zukunft zu erwarten. Ein Blick in den Spiegel wird uns überraschen: Bei den meisten von uns sitzen die Ohren entweder zu hoch oder zu tief.

Sollten die Ohren über die Brauenlinie hinausragen, besteht eine erhöhte Chance, schon in jungen Jahren berühmt zu werden. Allerdings gibt es keine Garantie für die Dauerhaftigkeit von Glück und Ruhm. Menschen mit tiefer sitzenden Ohren, die nicht an die Brauenlinie heranreichen, winkt meist erst spät im Leben der Erfolg.

Das Ohrläppchen wird von *Siang Mien* mit dem Grad an Weisheit in Verbindung gebracht, aber auch die Potenz des Mannes soll sich an ihm erkennen lassen. Ideal sind Ohrläppchen, wenn sie groß und fleischig sind. Dann ist mit Glück, Reichtum und einem langen Leben zu rechnen. Ein chinesisches Sprichwort sagt: Je fetter die Ohrläppchen, desto dicker der Geldbeutel. Asien-Kennern wird aufgefallen sein, daß die Ohrläppchen eines Buddhas ausnahmslos als extrem groß dargestellt werden. Verständlich, gilt Buddha doch als Symbol für Glückseligkeit und Reichtum schlechthin.

Allerdings: Sind die Ohrläppchen zwar dick, aber hängend, dann signalisiert dies nicht nur ein langes, ruhmreiches Leben ohne Geldsorgen, sondern auch, daß dieser Mensch sträflich unbeschwert mit seinem Reichtum umgeht. Ihm ist das Glück gar zu leicht in den Schoß gefalen – und er muß vielleicht urplötzlich feststellen, daß er pleite ist.

Kleine Ohrläppchen assoziieren die Chinesen mit Geiz und übergroßer Gier nach Mammon. Charakterlich werden diese Menschen als Langweiler betrachtet, weil sie neben Geld wenig andere Interessen hegen. Auch sprechen alle Anzeichen dafür, daß die blockierten Gefühle zu Depressionen führen können – und diesen Menschen oft genug sogar die Freude am Sex vergällen.

Bei angewachsenen Ohrläppchen sind nach *Siang Mien* die Prognosen wenig günstig. Durch unbeschreiblichen Ehrgeiz und unangenehme Spießbürgerlichkeit wird sich dieser Mensch im Leben seine Hindernisse selbst aufbauen.

Eng anliegende Ohren

Eng anliegende Ohren verraten den empfindlichen, sensiblen Menschen. Er besitzt häufig die Fähigkeit zu übersinnlichen Wahrnehmungen. Allerdings scheint gerade sie ihn hin und wieder zu plagen, denn seine Vorahnungen werden ihm oft angst machen und ihn in seinen Entscheidungen verunsichern.

Menschen mit eng anliegenden Ohren werden zwischen dem zwanzigsten und dreißigsten Lebensjahr nicht selten durch etliche

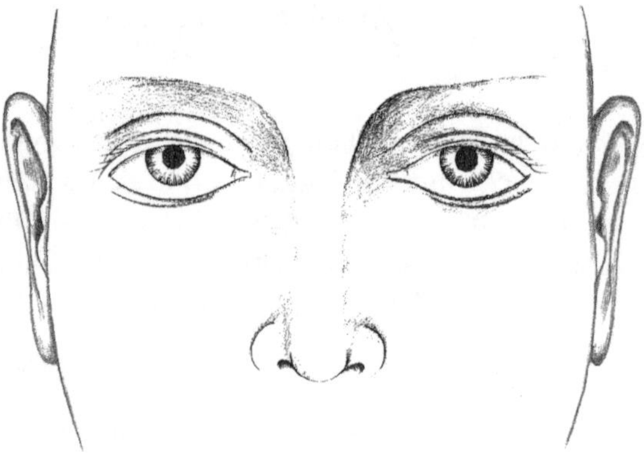

Eng anliegende Ohren

Schicksalsschläge gebeutelt, die aber das Ego festigen und deshalb häufig den Auftakt für einen außerordentlichen Aufschwung bilden.

Um sich wohl zu fühlen, brauchen diese Menschen sowohl emotionale als auch finanzielle Sicherheit. Wenn sie diese gefunden haben, können sie sich voll und ganz ihrem Fortkommen widmen. Einzig ihre Übervorsichtigkeit könnte sich als Nachteil herausstellen, weil manche Chancen ungenutzt an ihnen vorbeigehen.

Besitzer eng anliegender Ohren sind sinnliche Persönlichkeiten, die eine Menge Leidenschaft entwickeln können und mit ihren Gefühlen nicht hinterm Berg halten. Doch wird ihr Liebesleben eher konventionell als originell sein, denn Experimentierfreude gehört nun mal nicht zu ihren Stärken.

In China glaubt man übrigens, daß Menschen, deren Ohren so eng sind, daß kein Finger mehr dahinter paßt, uralt werden.

Abstehende Ohren

Bei abstehenden Ohren haben wir es in aller Regel mit einem Gelehrten und scharfen Denker zu tun, der ständig nach neuem Wissen strebt. Doch auch eine gewisse Sturheit kennzeichnet seinen Charakter: Alles, was nicht in sein Denkschema paßt, wird ignoriert. Manchmal kann es passieren, daß dieser Mensch vor lauter Geistesarbeit seinen Körper vernachlässigt und plötzlich erstaunt feststellen muß, daß seine Gesundheit ihn im Stich läßt.

So klug diese Persönlichkeiten auch sind – sie brauchen sehr viel Anerkennung und Zuwendung. Männer suchen häufig Zuflucht bei starken Frauen, von denen sie sich Schutz versprechen. Daß sie in einer Partnerschaft oft die Unterlegenen sind, wissen sie sehr wohl selbst. Nur werden sie das niemals zugeben.

Sie können gut mit anderen Menschen umgehen und werden immer ein offenes Ohr für deren Probleme haben. Da sie für sich selbst keine großen Erwartungen hegen, dürften sie um so glücklicher sein, wenn man ihr Wirken würdigt und ihnen Respekt zollt.

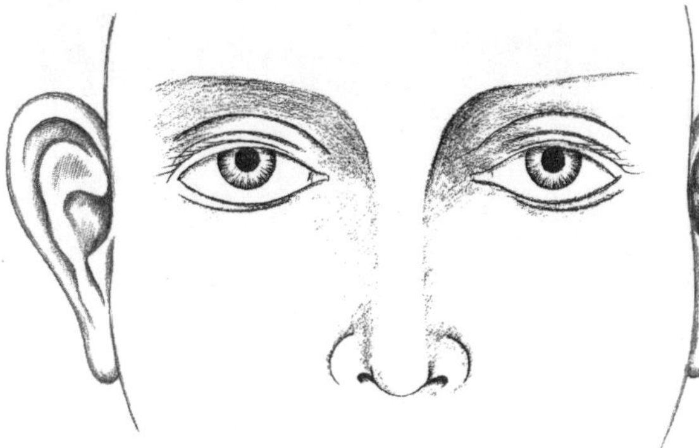

Abstehende Ohren

Hoch sitzende Ohren

Hoch sitzende Ohren – also Ohren, die über die durch die Augenbrauen gebildete horizontale Linie hinausragen und deren tiefster Punkt oberhalb der Nasenspitze liegt – signalisieren nach *Siang Mien* eine durchschnittliche bürgerliche Existenz.

Dieser Mensch hat keine überzogenen Ansprüche an sich selbst und seine Umwelt. Er ist die Sachlichkeit in Person; ihm wird kaum je der Sinn nach Abheben stehen. Sei es, daß er es als selbstverständlich ansieht, für den Luxus, den er sich gönnt, die Ärmel hochzukrempeln, sei es, daß er Vergnügungen jeglicher Art als höchst unnütz ansieht.

Das soll aber nicht bedeuten, daß das Leben von Menschen mit hoch sitzenden Ohren langweilig wäre. Nur weicht ihre Meinung davon, was das Leben lebenswert macht, von der ihrer Mitmenschen ab.

Gesondert betrachtet wird in der chinesischen Deutung der Fall, daß die Ohren nicht nur hoch sitzen, sondern zudem das rechte

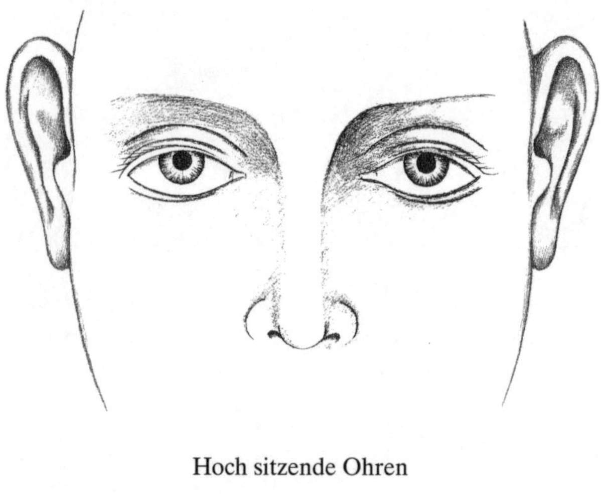

Hoch sitzende Ohren

Ohr höher sitzt als das linke. Dieser Mensch hat laut *Siang Mien* gar keine oder aber eine gestörte Beziehung zur Mutter. Die Ehe der Eltern droht auseinanderzugehen, in der Regel durch Trennung, manchmal aber sogar durch den frühen Tod eines Elternteils.

Tief sitzende Ohren

Menschen mit tief sitzenden Ohren – das heißt, mit Ohren, deren Oberkante nicht an die Brauenlinie heranreicht und deren unterer Punkt tiefer als die Nasenspitze liegt – sind in ihrer Mehrzahl Freunde der Geselligkeit. Trubel und Action scheinen geradezu unentbehrlich für diese Zeitgenossen. Läßt man sie allein, werden sie sich aller Voraussicht nach sehr unglücklich fühlen.

Ihr kooperatives Verhalten bringt ihnen speziell im Beruf eine Menge Vorteile ein. Sie zeichnen sich dadurch aus, daß sie sich sehr gut in ein Team integrieren lassen.

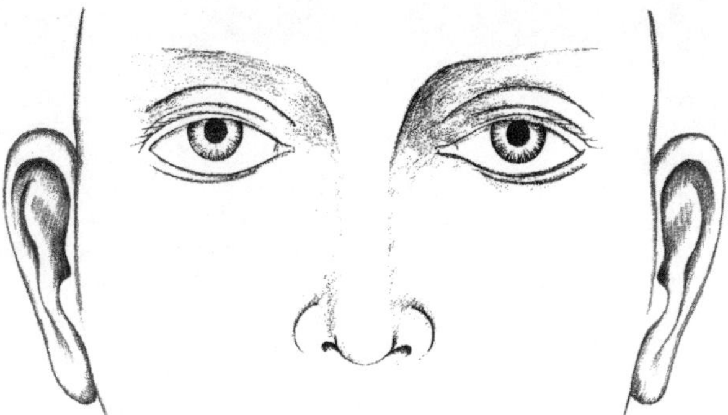

Tief sitzende Ohren

Kleine Ohren

Kleine Ohren sind laut *Siang Mien* ein Hinweis auf einen hart arbeitenden Menschen, der auf sich selbst gestellt ist oder aber unfähig ist, sich auf die Hilfe anderer zu verlassen. Obwohl dieser Charakter ehrgeizig ist, besteht oft zwischen dem, was er will, und dem, was er erreichen kann, eine beachtliche Diskrepanz.

Menschen mit kleinen Ohren gelten als selbstkritische Perfektionisten, die ununterbrochen ihre überragenden Fähigkeiten zu beweisen versuchen. Der Typus ist sehr stark vertreten im Journalismus und Medienbereich. Er liebt es zu initiieren. Seiner (un-) heimlichen Lust an Spannung und Aufregung kommt es sehr entgegen, wenn alles um ihn herum in Bewegung ist.

Nach außen kühl, können Kleinohrige mitunter starke Leidenschaften entwickeln. Doch sie werden sich kaum jemals kopflos in ein heißes Liebesabenteuer stürzen. Vielmehr tendieren sie im Privatleben zum Konservatismus und erwarten von ihrer oder ihrem Liebsten alles andere als Ungehemmtheit.

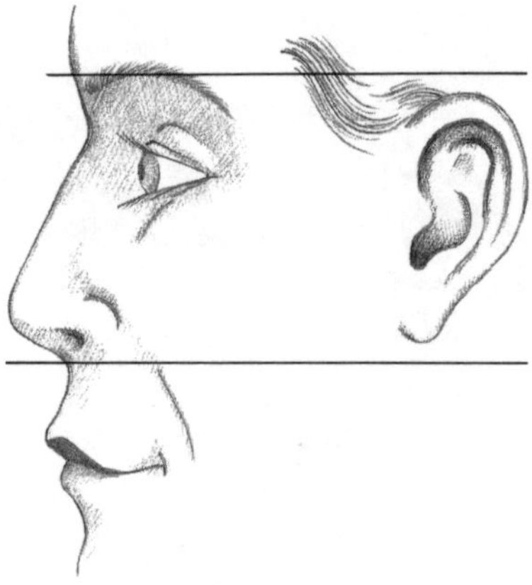

Kleine Ohren

Große Ohren

Laut *Siang Mien* haben Menschen mit großen Ohren die besten Aussichten. Vorsichtiger ausgedrückt: Große Ohren versprechen ein großes Potential an seelischen und geistigen Qualitäten – ob unser Gegenüber aus diesen Anlagen etwas gemacht hat, ist eine andere Sache.

Vor allem bestehen – bei beiden Geschlechtern – ein ausgeprägter Geschäftssinn, die Lust daran, Verantwortung zu übernehmen, und Führungsstärke. Diese Eigenschaften werden sich insbesondere in der beruflichen Karriere positiv auswirken.

Sollte ein Mensch mit großen Ohren ein ausgeprägtes Interesse an finanziellen Dingen an den Tag legen, besteht die Gefahr von unkontrollierbarem Geiz. Und noch eine Schwäche – wenn auch nur eine klitzekleine – haben großohrige Leute: Gelegentlich haben sie keine Skrupel, unangenehme Aufgaben zu delegieren und sich auf Kosten von Mitarbeitern auf die eigene Schulter zu klopfen.

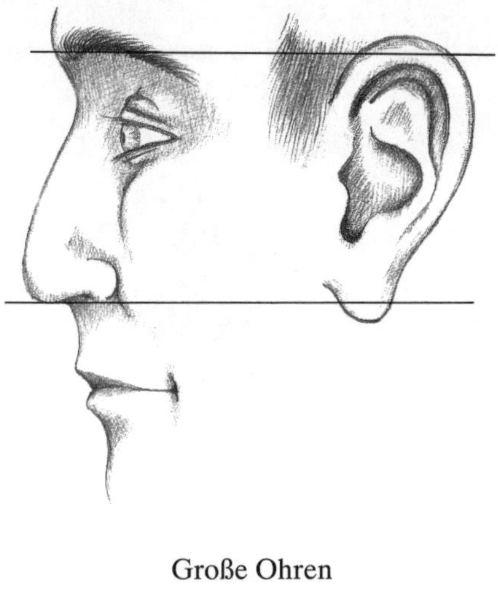

Große Ohren

Großohrige sind meist sehr direkt und unkonventionell und pflegen ihren Mitmenschen mit großer Höflichkeit zu begegnen. Ihre guten Manieren verdanken sie einer hervorragenden Erziehung. Sie verstehen es, Vertrauen zu erwecken, und das haben sie auch verdient. Durch ihre gesellige Art und positive Lebenseinstellung gelingt es ihnen, andere mitzureißen, und sie werden nur in Ausnahmefällen einen Abend allein verbringen.

In einer Partnerschaft legen diese Menschen großen Wert auf Harmonie. Jeder Liebe – und ohne sie wäre ihr Leben sicher nicht ausgefüllt – wird bescheinigt, daß sie die größte sei. Es dürfte uns kaum überraschen, daß man große Ohren bei Menschen findet, die als exzellente Liebhaber gelten.

Spitze Ohren

Diese Ohrform weist auf eine Reihe von weniger günstigen Eigenschaften hin. So mangelt es diesen Menschen beispielsweise an Gefühl und Mitgefühl. Aber auch mit Vertrauenswürdigkeit und Zuverlässigkeit ist es nicht zum besten bestellt.

Diese mit sehr viel Charme agierenden Menschen sind es gewohnt, andere übers Ohr zu hauen. Daß ihnen dies sehr häufig

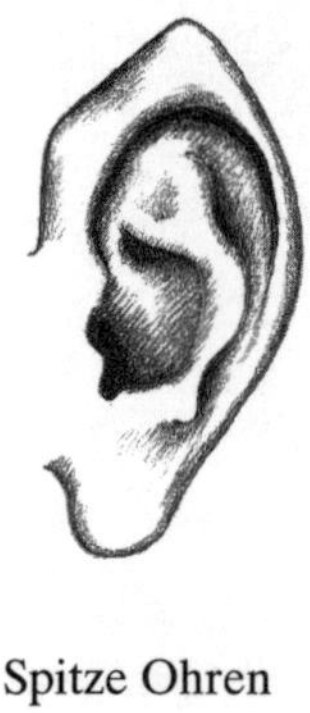

Spitze Ohren

auch gelingt, liegt daran, daß jene den egoistischen Charakter der spitzen Ohren nicht so recht erkennen. Menschen mit spitzen Ohren sollte man mit spitzen Fingern anfassen, weil sie die Gutmütigkeit anderer schamlos auszunutzen verstehen.

Aber Spitzohrige gelten auch als originell und in hohem Maß als erfinderisch und phantasievoll. Diese Talente verstehen sie besonders in einer Partnerschaft positiv einzusetzen. Zieht man dann noch ihre fast unglaubliche Sinnlichkeit in Betracht, dürften sie auf erotischem Gebiet unschlagbar sein. Einzig ihre Launenhaftigkeit könnte das andere Geschlecht noch davon abhalten, eine dauerhafte Beziehung mit einem Spitzohr zu riskieren.

Weitere Ohrformen

Außerdem sind folgende Formen der Ohren beachtenswert:

Behaarte Ohren:
rechthaberisch, wißbegierig, oft verschwenderisch, nutzt selten eigene Talente

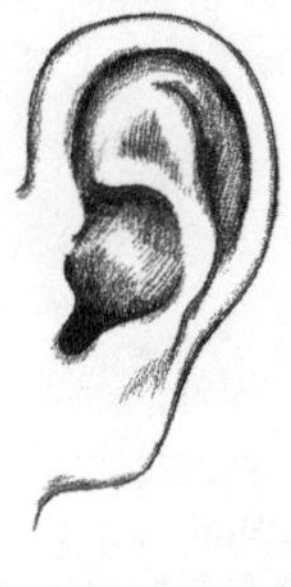

Ohrläppchen angewachsen:
egoistisch, in Gefühlen wenig Tiefgang, handelt oberflächlich, sucht gern das Abenteuer

Rundes Ohr:
freundliches Gemüt, vertrauenswürdig, optimistisch, gesellig, verträumt

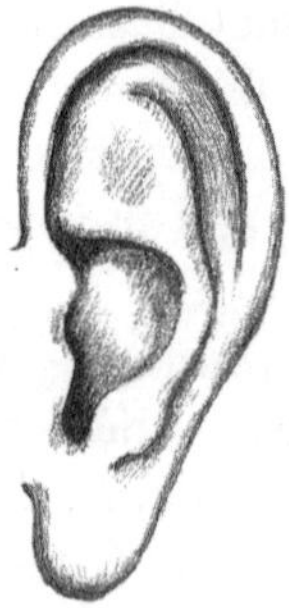

Langes Ohr:
großer Intellekt, gilt als weise, hohe moralische Ansprüche, geht am liebsten auf Distanz

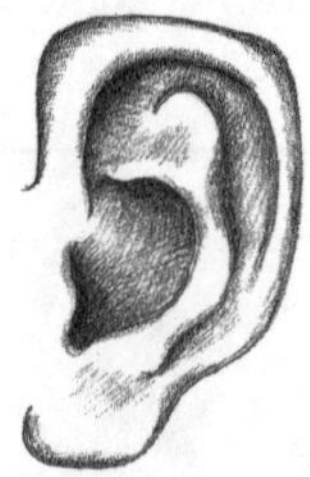

Eckiges Ohr:
schlau, lebhaftes Naturell, rasche Auffassungsgabe, braucht ständig Abwechslung

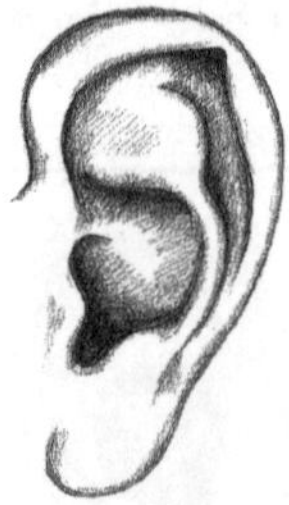

Scharfer Knick im äußeren Bogen:
hartnäckig, stur, arbeitswütig, vielseitig talentiert, muß mit Schicksalsschlägen in der Familie rechnen

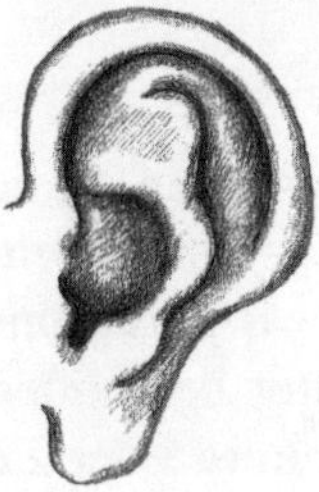

Ohr oben breiter:
naiv, anpassungsfähig, leicht zufriedenzustellen, Genußmensch

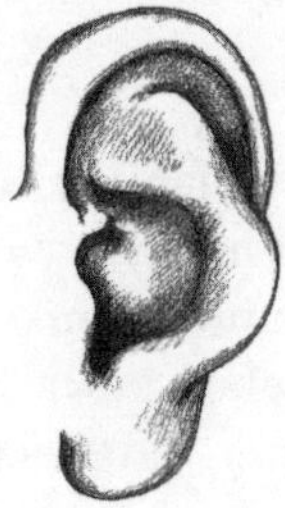

Ausgeprägte Innenmuschel:
Energiebündel, kreativ,
unkonventionell,
neigt zu Übertreibungen

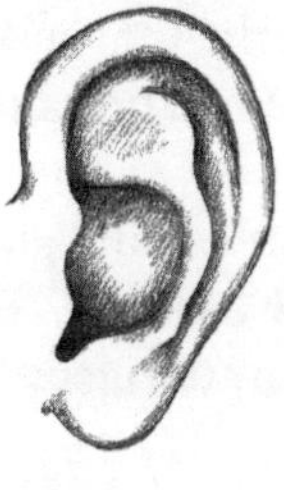

Kleine Läppchen:
emotional, verstrickt sich in
heftige Auseinandersetzungen,
verliert rasch die Geduld,
arbeitet ohne System

Große, dicke Läppchen:
herrschsüchtig, talentiert,
von sich selbst überzeugt,
zielgerichtet, ständig auf der
Suche nach Idealen

Das Kinn

Bezeichnet man die Stirn in der chinesischen Gesichtsdeutung auch als Himmel, so wird das Kinn Erde genannt. Dem Kinn sollte unsere Aufmerksamkeit gelten, wenn wir herausfinden wollen, wie das Leben eines Menschen im Alter beschaffen sein wird. Denn in ihm verbergen sich die Geheimnisse der Zeit zwischen dem einundsechzigsten Lebensjahr und dem Tod. Ein chinesisches Sprichwort lautet: Ein schön gerundetes, glattes Kinn sorgt für den Rest des Lebens.

Am Kinn läßt sich unsere Spannkraft, unser Durchhaltevermögen und unsere Vitalität ablesen – kurz: die Art und Weise, wie wir mit den Anforderungen unseres Lebens bis ins Alter hinein zurechtkommen. Das Kinn gibt uns generell Aufschluß darüber, wie es um unsere physische und psychische Kraft bestellt ist, wieviel Lebensmut wir uns bis ins hohe Alter erhalten und ob wir es letztlich schaffen, uns die Freude am Leben zu bewahren.

Von einem guten Kinn spricht man, wenn es eine gleichmäßige Kurve beschreibt, weder zu kantig noch zu rund. Es sollte in einem ausgewogenen Verhältnis zu den übrigen Teilen des Gesichts stehen und sie nicht dominieren.

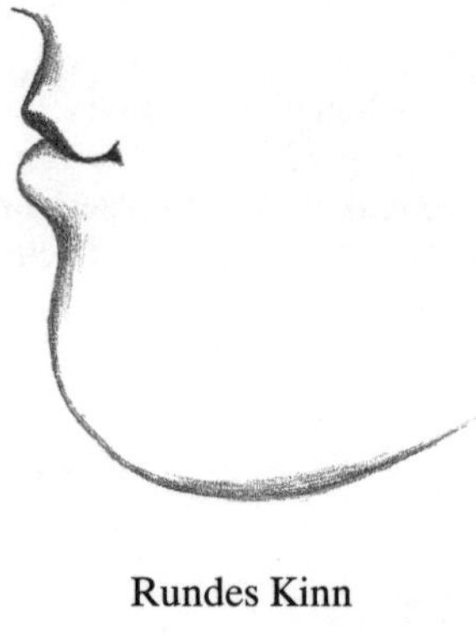

Rundes Kinn

Rundes Kinn

Beim runden Kinn haben wir es mit einem Menschen zu tun, der über einen ausgeprägten Familiensinn und über ein ausgeglichenes, friedfertiges Temperament verfügt. Auf andere übt er einen günstigen Einfluß aus; im Streitfall eignet er sich vorzüglich als Schlichter.

Diese Menschen übernehmen gern Verantwortung und besitzen eine hohe Arbeitsmoral, die man aber auf keinen Fall mit übertriebenem Ehrgeiz gleichsetzen darf. An zielstrebiger Karriereplanung scheint es ihnen nämlich eher zu mangeln. Dennoch werden sie recht früh ihre Karriere starten; ihre Fähigkeit zur Kooperation bringt ihnen beruflich fast immer Erfolge.

Frauen mit rundem Kinn gelten als sehr gefühlsbetont und stellen sich gern in den Dienst der Familie. In China sagt man: Hat eine Frau ein rundes Kinn, ist auch die Fruchtbarkeit gewährleistet. In der Erotik sind diese Frauen leicht zufriedenzustellen: Ihre sexuellen Vorlieben verlangen selten nach akrobatischen Übungen. Viel wichtiger sind ihnen Kinderglück und ein gemütliches Heim; ihr häusliches Glück wird häufig zum Dreh- und Angelpunkt ihres Lebens. Die Aussicht, später einmal ein ganzes Dutzend von Enkelkindern um sich zu versammeln, wird der Gipfel ihres Glücks sein.

Spitzes Kinn

Die meisten Menschen mit spitzem Kinn sind hochintelligent, aber auch übersensibel und von Stimmungsschwankungen geplagt. Daneben, so sagt man, genießen sie Tratsch und Klatsch und besitzen einen Hang zur Hinterlist.

Das Schlimmste, was einem spitzen Kinn passieren könnte, ist das

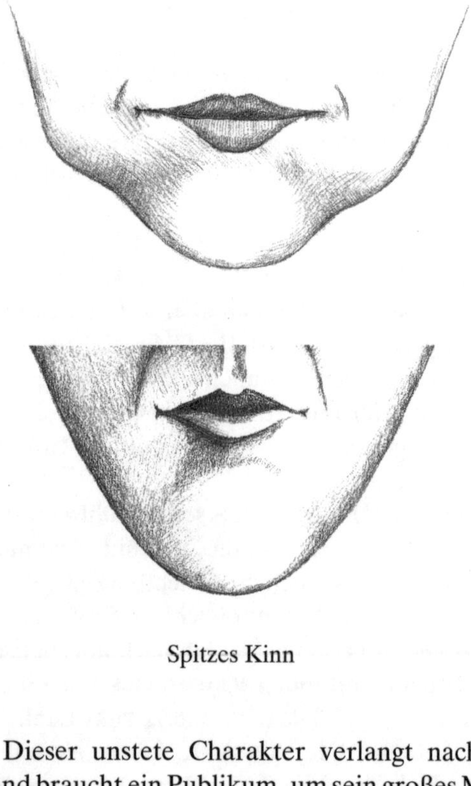

Spitzes Kinn

Alleinsein. Dieser unstete Charakter verlangt nach ständiger Bewegung und braucht ein Publikum, um sein großes Mitteilungsbedürfnis zu befriedigen.

Auch besitzen diese Menschen oft einen siebten Sinn: das Vermögen, Übersinnliches zu erfassen. Ob sie auf diese Gabe vertrauen und Nutzen für sich selbst daraus ziehen können, ist allerdings von Fall zu Fall verschieden.

Im Beruf zeichnen sie sich nicht nur durch qualitativ gute Arbeit aus, sondern auch durch schnelles Entscheidungsvermögen. Besitzen Frauen besondere Talente im Bereich Öffentlichkeitsarbeit, so zeichnen sich Männer dieses Kinntyps durch herausragendes technisches Geschick aus.

Frauen wie Männer mit dieser Kinnform haben manchmal Schwierigkeiten, ihre eigenen Gefühle richtig einzuordnen. Das kann speziell in einer Partnerschaft zu Mißverständnissen führen – zum Beispiel dann, wenn jemand mit spitzem Kinn in seiner Leichtgläubigkeit in eine Liebelei mehr hineininterpretiert, als angebracht wäre.

Auf Männer übt die exotisch-erotische Stimme eines weiblichen Spitzkinns eine besondere Faszination aus. Das Problem: Die Damen, voller Freude über ihre Siegeszüge, tendieren dazu, himmelhoch jauchzend überstürzt in eine Ehe hineinzuschlittern, für deren Dauerhaftigkeit es nicht die mindeste Garantie gibt.

Breites Kinn

Dieses kraftvolle Kinn deutet auf einen korrekten, ehrlichen Menschen hin, der sehr viel Selbstvertrauen besitzt und die Lust am Arbeiten erfunden haben könnte. Nichts wird angefangen, ohne daß es auch beendet würde – ein breites Kinn scheint schier unerschöpfliche Energiereserven zu besitzen. Geschäftliche wie gesellschaftliche Erfolge stellen sich für diese Menschen fast zwangsläufig ein.

Ihr Gerechtigkeitssinn verschafft ihnen viel Sympathien und sicher auch einige Neider. Aber es finden sich auch negative Eigenschaften: ausgemachte Dickköpfigkeit etwa und ein Hang zur Aggressivität. Diese Charaktereigenschaften offenbaren sich erfahrungsgemäß nur in seltenen Fällen – zum Beispiel dann, wenn jemand sie für dumm verkaufen will. Denn wenn es um seine Ehre geht, hört für das breite Kinn der Spaß auf.

Die Gefühlspalette dieser Menschen ist zwar facettenreich – von einem ausgeprägten Beschützerinstinkt über eine tiefe Liebe zu den eigenen Kindern bis zur Fähigkeit, mit anderen mitzuleiden –,

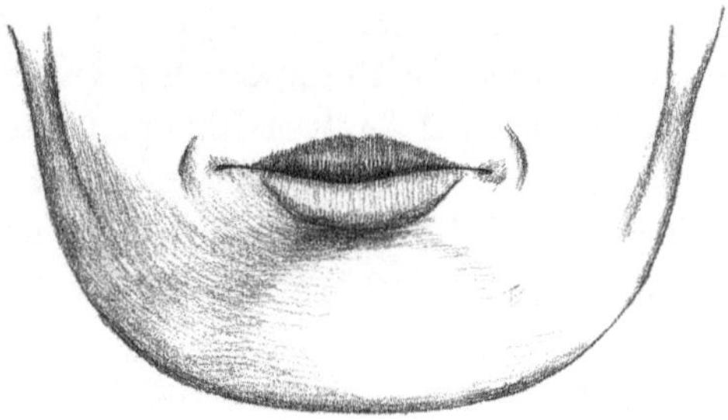

Breites Kinn

doch einem Partner gegenüber können sie häufig ihre Gefühle nicht richtig zeigen. Vielleicht aus Angst, die Kontrolle über sich zu verlieren.

Sollte ein Mensch mit breitem Kinn jemals von seinem Lebenspartner betrogen werden, wird er zeigen, wieviel Konsequenz in ihm steckt: Eine solche Schmach könnte er niemals verzeihen!

Eckiges Kinn

Das eckige Kinn zeigt schon auf den ersten Blick: Dieser Mensch ist ein Kämpfer, energisch und vital, manchmal aber auch mit einer Tendenz zur Verbissenheit und Grobheit. Daß ein solcher Charakter Niederlagen nur sehr schwer verkraften kann, ist wahrscheinlich. Auch Mißachtung oder Verletzung sind für ein eckiges Kinn schier unverdauliche Dinge – es kann unglaublich nachtragend sein!

Menschen mit dieser Kinnform werden sich kaum Hals über Kopf in etwas hineinstürzen, privat oder beruflich, sondern in aller Regel nach einem sorgsam ausgetüftelten Plan vorgehen. Bekanntlich verläuft das Leben aber nicht immer nach Plan, sondern tischt uns manche Überraschungen auf. Daran wird das

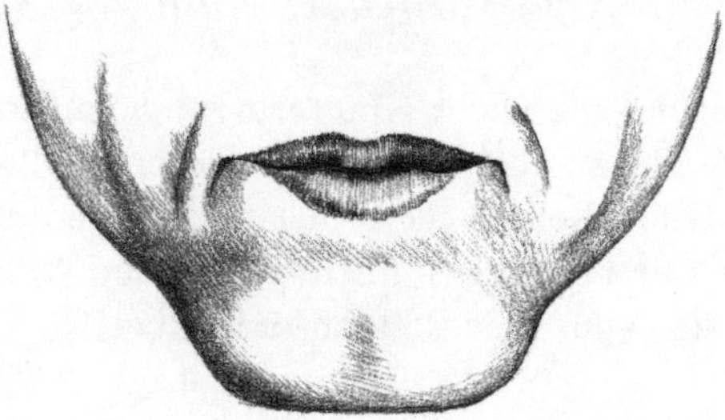

Eckiges Kinn

eckige Kinn trotz aller Vitalität keine Freude finden. Denn seine Neigung zu übertriebener Disziplin macht es unflexibel.

Werden die an sich guten Anlagen dieser Menschen, Energie und Kampfgeist, in die falschen Bahnen gelenkt, könnten sie in kriminelles Fahrwasser geraten. Wirtschaftskriminelle, ja auch Gewalttäter weisen häufig diese Kinnform auf.

Menschen mit eckigem Kinn lieben es, auf großem Fuß zu leben. Sollten sie wider Erwarten einmal in finanzielle Bedrängnis geraten, werden sie ihr Desaster auf keinen Fall eingestehen, sondern lieber einen ungedeckten Scheck ausstellen.

Eine Partnerschaft kann für diese Menschen durch eine Verkettung von Mißverständnissen leicht im Chaos enden. Da sie nun mal nicht gerade als Charmeure auf die Welt gekommen sind, scheint ihnen in der Liebe oftmals das entsprechende zärtliche Repertoire zu fehlen. Ihre grobe Ausdrucksweise wird den möglichen Partner eher in die Flucht schlagen als ins Bett treiben.

Frauen dieses Typs sind oft der bestimmende Teil in einer Partnerschaft. Nicht, weil sie so gern die Domina spielen – das Schicksal zwingt sie in diese Rolle. Aber die Erfahrungen beweisen: Sie können damit durchaus glücklich werden.

Vorstehendes Kinn

Diese vorwiegend männliche Kinnform zeugt von großem Selbstvertrauen, ab und zu auch von übersteigertem Selbstbewußtsein und Aggressivität. Sollten diese negativen Eigenschaften dominieren, hat dieser Typ aufgrund seines enormen Willens durchaus die Chance, sie in günstige Bahnen zu lenken.

Erfolg wird diesem Charakter schon sehr früh beschieden sein, gilt er doch als der geborene Unternehmer oder Manager. Ein fabelhaftes Sprachgefühl ebnet diesem Menschen häufig den Weg zu Spitzenpositionen in ausländischen Firmen oder in Auslandsfilialen eines Konzerns.

Ihre Ruhelosigkeit birgt die Gefahr von dramatischen Veränderungen sowohl im Geschäftsleben als auch privat. Vielleicht schmeißen sie einen guten Job plötzlich hin, um sich etwas ganz anderem zuzuwenden. Dies könnte ein künstlerischer Beruf sein. Denn diese Menschen besitzen ein ausgeprägtes kreatives Talent und verstehen es, Freundschaften zu schließen. Um ihr körperliches Wohlbefinden brauchen sie sich kaum zu sorgen, verfügen sie doch in der Regel über eine beneidenswerte gesundheitliche Konstitution.

Vorstehendes Kinn

Frauen mit einem vorstehenden Kinn gelten als sehr karrierebewußt – und sie haben auffallend schöne Brüste. Mit sicherem Instinkt werden sie sich den richtigen Mann herauspicken, der ihre vielfältigen Bedürfnisse befriedigen kann.

Aber diese Society-Frauen haben auch ein großes Problem: Geld. Verfügen sie über genügend Mammon, werfen sie damit verschwenderisch um sich. Manche von ihnen sind allerdings auch arm wie eine Kirchenmaus.

Langes Kinn

Hier haben wir es mit einem gefühlsbetonten, häufig psychisch labilen Menschen zu tun. In China nennt man Menschen mit dieser Kinnform ganz uncharmant auch Pferdegesichter. Aufgrund ihrer anlagebedingten Instabilität neigen sie manchmal zum Glücksspiel und gehen, wenn sie dem Spielrausch verfallen, oft unkontrollierbare Risiken ein.

Erstaunlicherweise scheint das Langkinn immer über Geld zu verfügen – wobei man im unklaren darüber ist, ob es sich dieses

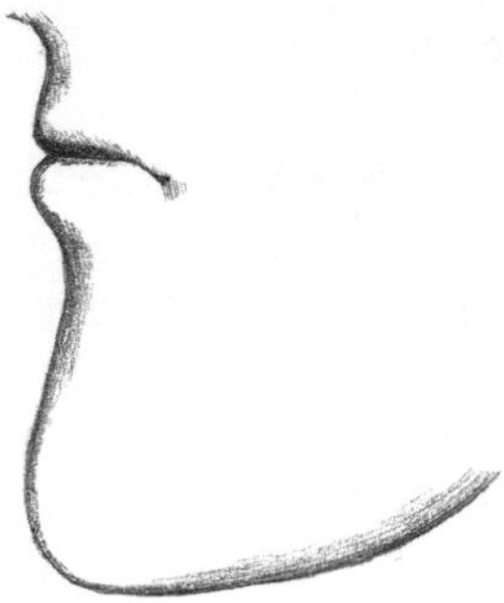

Langes Kinn

auf legalem Weg beschafft hat. Der Reichtum ist allerdings mit der Gefahr gekoppelt, sich von anderen leicht ausnutzen zu lassen. Aber diese Menschen haben durchaus auch positive Eigenschaften: ihr gutes Organisationstalent etwa und die Fähigkeit, leicht Freunde zu gewinnen.

Beruflich winkt ihnen zwar nicht der ganz große Durchbruch. Aber da sie nicht ohne Ehrgeiz sind, liegt eine gehobene Position durchaus im Bereich des Möglichen.

Das Glück, das ihnen beim Spiel oft fehlt, findet sich in der Liebe sehr wohl ein. Frauen wie Männer mit dieser Kinnform können sehr viel Zärtlichkeit für ihre Partner aufbringen und gelten als große Gewinner beim anderen Geschlecht. Ihr spektakuläres Liebesleben vermag sie für manche Unbill des Lebens zu entschädigen.

Fliehendes Kinn

Menschen mit einem fliehenden Kinn verwenden laut *Siang Mien* nur wenig Ehrgeiz darauf, im Leben voranzukommen. Dennoch sind sie wegen ihrer Friedfertigkeit sehr beliebt. Ihre Interessen werden sich hauptsächlich darauf beschränken, ihr Leben so geruhsam wie möglich zu gestalten.

Die Jahre zwischen dem fünfunddreißigsten und fünfzigsten Lebensjahr können ihnen einen akzeptablen Lebensstandard bescheren. Aber nach der überlieferten chinesischen Gesichtsdeutung ist die Gefahr gegeben, daß sie im Alter mit einer dramatischen Wende ihres Schicksals rechnen müssen. Die gegebenenfalls anfallenden Probleme lassen sich nur dann bewältigen, wenn diese Menschen lernen, ihren angeborenen Hang zur Gleichgültigkeit zu überwinden, und sich darauf besinnen, sich kraftvoll für das eigene Glück einzusetzen.

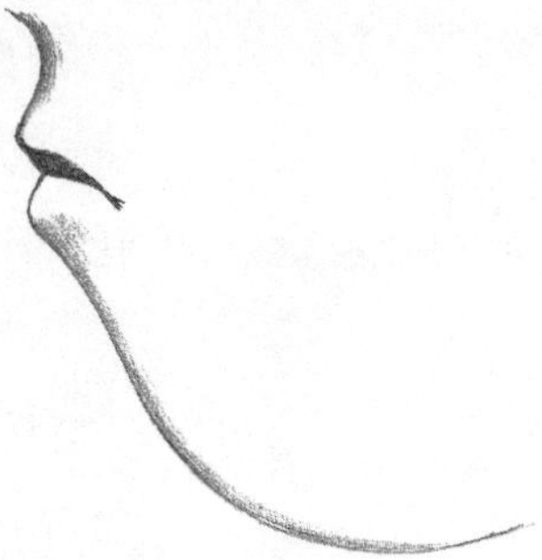

Fliehendes Kinn

Gespaltenes Kinn

Das in der Mitte gespaltene Kinn besticht durch Abenteuerlust und scheint ständig auf der Jagd nach neuen Herausforderungen. Sein heiteres Gemüt und sein bodenständiger Charakter verleihen ihm das Image eines guten Kumpels – eine Einschätzung, die durchaus der Realität entspricht. Allüren und Schickimicki-Gehabe sind diesen Menschen fremd, obgleich sie Gefallen daran finden können, im Rampenlicht zu stehen.

Das gespaltene Kinn gilt als attraktiv, und das dürfte mit ein Grund dafür sein, daß man diese Menschen so selten allein antrifft. Sie werden viele Beziehungen eingehen und sich jedesmal tief und ernsthaft verlieben. Die Liebe, die ihnen entgegengebracht wird, und den Sex mit dem geliebten Partner verstehen sie zu genießen. Aber Beständigkeit sollte niemand von ihnen erwarten.

Ihre Suche nach Vollkommenheit, auch nach dem vollkommenen Glück, macht sie rastlos. Vielleicht ist es aber gerade diese rastlose Vitalität, die ihnen hilft, sich ihre geistige Frische bis ins hohe Alter zu erhalten. Als die ereignisreichsten Lebensab-

Gespaltenes Kinn

schnitte dieser Persönlichkeiten gelten das dreißigste, das sechzigste, das fünfundsechzigste und das fünfundsiebzigste Lebensjahr.

Im Beruf werden sowohl Frauen als auch Männer mit diesem Kinn einige Erleichterungen allein durch ihr gutes Aussehen haben. Aber die Bereitschaft, etwas leisten zu wollen, müssen sie schon selbst aufbringen.

Befindet sich in der Mitte des gespaltenen Kinns ein Grübchen, dann ist dieser Mensch, so sagt *Siang Mien*, von ernsthafterem Gemüt. In der Liebe hat er eher das Glück, einen Partner zu finden, der beständiger ist als er selbst. Gelegentliche Seitensprünge sind damit nicht ausgeschlossen. Aber es kommt nicht so schnell zur Trennung wie bei den anderen Vertretern dieses Kinntyps.

Doppeltes Kinn

Zum Doppelkinn heißt es nach *Siang Mien*: Spätes Glück, beschert ab sechzig Jahren, bedeutet doppeltes Glück. Allgemein ist ein doppeltes Kinn eine überwiegend weibliche Kinnform.

Wie sich unschwer vermuten läßt, verstehen diese Menschen das Leben – und vor allem gutes Essen – ausgiebig zu genießen. Sie gelten als äußerst belastbar und als redegewandte Diskussionspartner.

Ihren Unterhaltungswert weiß man offensichtlich zu schätzen, denn man erfreut sich ihrer Gesellschaft. Überraschender ist, daß ein Doppelkinn manchmal auch von sehr leidenschaftlichem Temperament sein kann.

Männer mit dieser Kinnform haben häufig eine Vorliebe für ausgefallene Berufe und ein besonderes Talent, viel Geld zu verdienen. Aber das Anhäufen von Reichtümern allein wird diese Menschen nicht befriedigen – sondern sie können auch sehr großzügig damit umgehen.

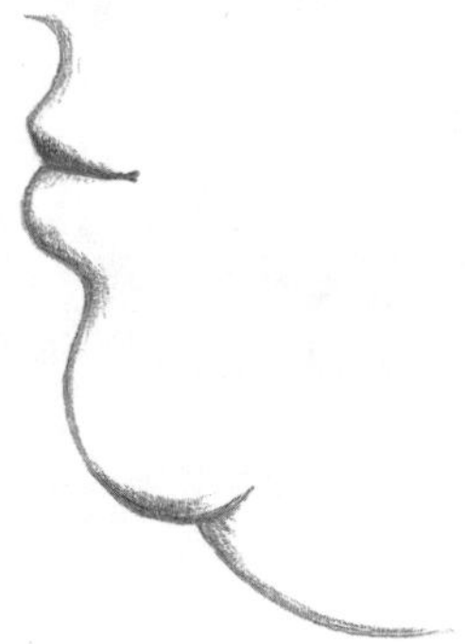

Doppelkinn

Muttermale und ihre Bedeutung

Nach *Siang Mien* gebührt nicht nur der Gesichtsform und den einzelnen Gesichtspartien unsere Aufmerksamkeit, sondern auch den Leberflecken oder Muttermalen. Allerdings sei betont, daß es über diese Flecke – die manchmal auch als Schönheitssymbol gelten – keine wissenschaftlichen Erkenntnisse gibt. Dennoch ist ganz interessant, was uns *Siang Mien* an Erfahrungen zu diesem Thema überliefert.

Leberflecke, die leicht rötlich schimmern, gelten in der Regel als Glückszeichen – ganz unabhängig davon, wo sie plaziert sind. Dunkle Flecke dagegen sollte man stets genauer beobachten, weil sie als Unheilsverkünder zu interpretieren sind. Das trifft besonders dann zu, wenn sich plötzlich ihre Größe oder Farbe verändert. Dann dürfte auch eine gravierende Veränderung des Schicksals nicht lange auf sich warten lassen – eine negative oder, weit seltener, eine glückliche.

Als die wichtigsten Stellen im Gesicht, an denen Muttermale zu finden und zu deuten sind, gelten Stirn, Brauen, Augen, Ohren, Nase, Mund und Kinn.

Muttermale an der Stirn deuten auf eine frühe geistige Reife und einen ausgeprägten Intellekt hin. Tauchen die Flecke unmittelbar am Haaransatz auf, kann sich der Betreffende freuen: Sie signalisieren angeblich Wohlstand. Nur Leberflecke an den Schläfen gelten als *noch* positiveres Zeichen.

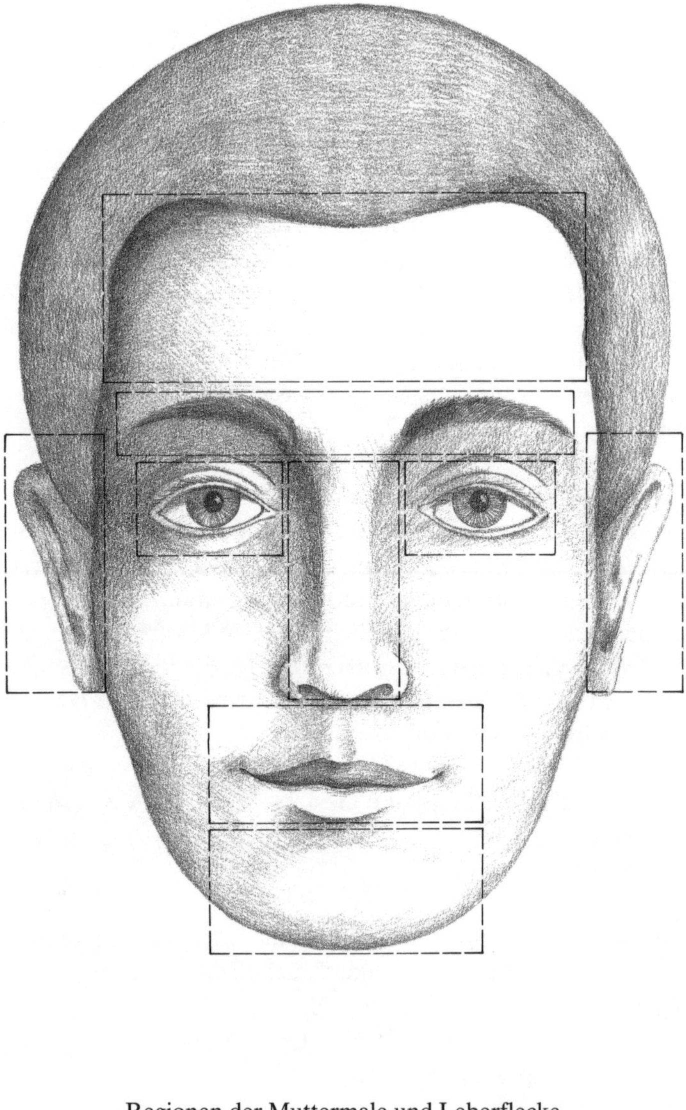

Regionen der Muttermale und Leberflecke

Ein Muttermal in Höhe der Brauen verrät einen etwas verträumten, manchmal sogar zur Melancholie neigenden Menschen. Es wird ihm schwerfallen, so richtig von Herzen glücklich zu sein, trotz einer passablen Karriere. Befindet sich das Mal genau in der Mitte der Brauen, spricht man von großer Weisheit und einem ausgeprägten Gespür für Übersinnliches.

Leberflecke in Augenhöhe oder unterhalb der Augen gelten als ein Zeichen von Nachdenklichkeit. Der Betreffende kann vor sich hin grübeln und leicht den Sinn für die Realität verlieren. Tauchen die Flecke oberhalb der Backenknochen auf, werden sich besonders die Damen freuen. Denn hier sind sie als Schönheitsfleck besonders wirkungsvoll.

Muttermale an der oberen inneren Ohrmuschel sollen ein Signal für überdurchschnittliche Begabung und ein langes Leben sein. Muttermale auf der Nase gelten in China allgemein als Glücksbringer. Plötzlicher Reichtum könnte Neid hervorrufen und die Freude des Besitzers trüben. Liegt das Mal auf der Nasenspitze, ist der Wohlstand in ständiger Gefahr.

Auf Sinnlichkeit und ausgeprägte sexuelle Lüste lassen Muttermale am Mund schließen. Daß sich einige Filmgöttinnen ein solches Mal extra aufmalten, um sich einen erotischen Touch zu verpassen, ist bezeichnend. Aber nicht nur in Sachen Sex, sondern auch sonst dürfte es aufregend werden im Leben dieses Menschen.

Muttermale am Kinn versprechen ein spätes Glück ab sechzig. Dagegen interpretiert man Male an der Kinnspitze mit Einsamkeit im Alter. Beim plötzlichen Auftauchen oder Verschwinden eines Muttermals in dieser Region muß mit rapide zunehmendem Glück oder Unglück gerechnet werden.

Das Schicksal in den einzelnen Lebensjahren

Nachdem ich Ihnen einen Überblick gegeben habe über die einzelnen Gesichtspartien und ihre Deutungsmöglichkeiten, möchte ich Sie mit den einhundert Positionspunkten vertraut machen, die nach der chinesischen Gesichtsdeutung das Schicksal eines Menschen in jedem Lebensjahr bestimmen. Nach *Siang Mien* können wir anhand dieser Punkte sagen, ob ein Mensch in einem bestimmten Lebensjahr Glück haben wird oder ob er mit Problemen und Rückschlägen rechnen muß. Bei Frauen und Männern sind diese Punkte, wie Sie aus den beiden Zeichnungen ersehen, unterschiedlich positioniert.

Will man Aussagen über ein bestimmtes Lebensjahr machen, hat man darauf zu achten, ob der betreffende Punkt in Harmonie zum Gesichtsumfeld steht oder nicht. Sie werden sich wundern, wie aussagekräftig jeder einzelne Punkt sein kann, wenn man sich auf ihn konzentriert! Ist er vielleicht besonders ausgeprägt? Fügt er sich in das Gesamtbild ein, oder fällt er aus dem Rahmen? Weist ein Muttermal an dieser Stelle auf eine Wunde im Leben hin?

Ich möchte betonen, daß diese Punkte, obgleich Schicksalspunkte genannt, keineswegs das Schicksal eines Menschen unwiderruflich festlegen. Doch sie zeigen bestimmte Dispositionen – und die Erfahrung lehrt uns, daß die Wahrscheinlichkeit, daß die Aussagen, die wir aus ihnen gewinnen, auch wirklich eintreffen, nicht gerade gering ist.

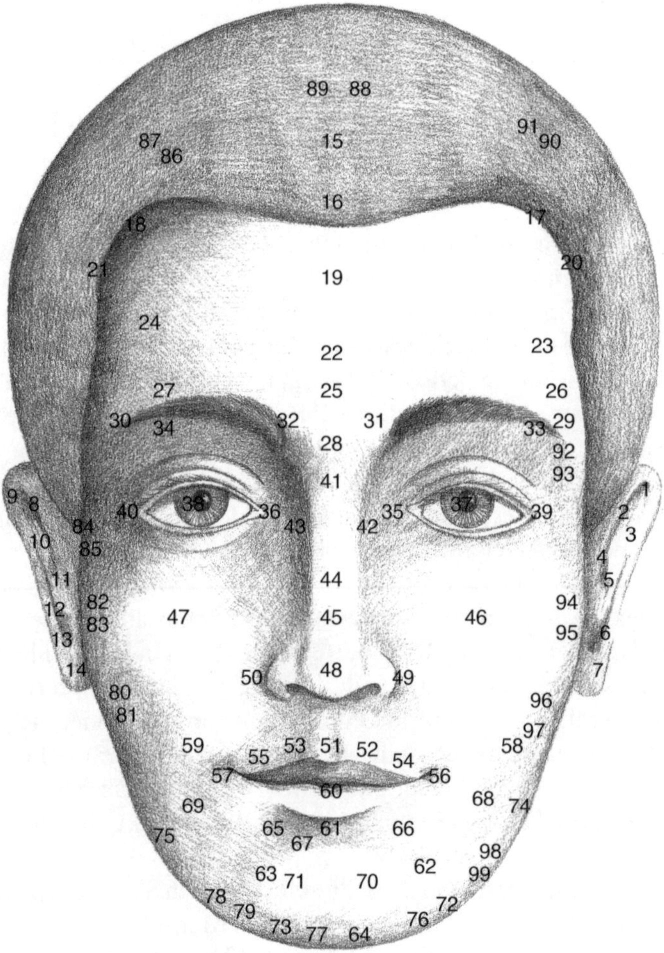

Alterspunkte im männlichen Gesicht

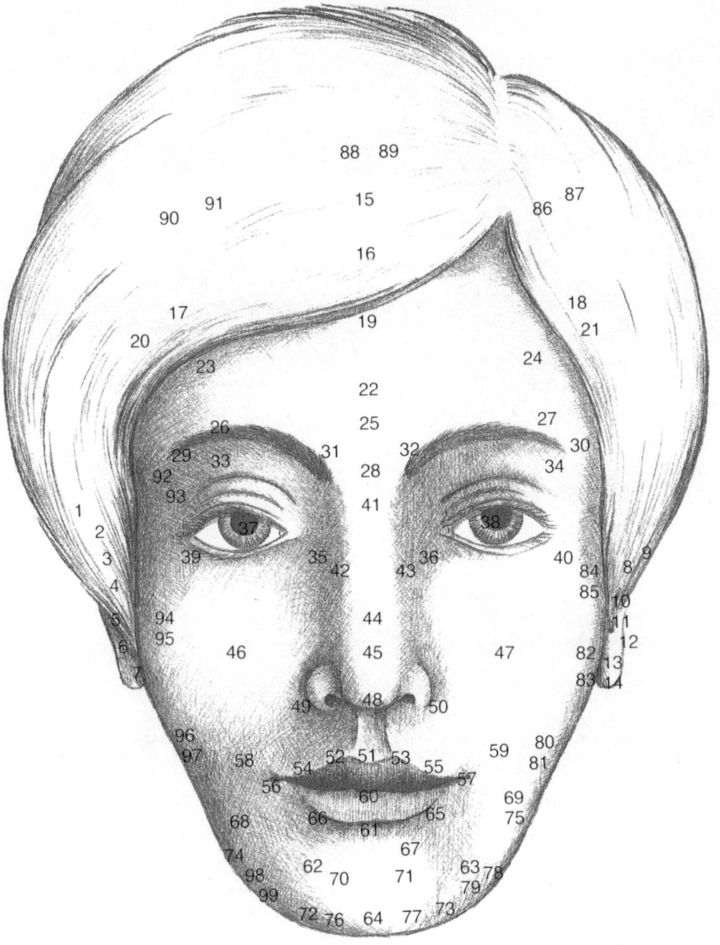

Alterspunkte im weiblichen Gesicht

Gesichtsdeutung in der Medizin

In der fernöstlichen Medizin spielt die jahrtausendealte Tradition der Gesichtsdeutung bis heute eine große Rolle. Da sich die körperliche Verfassung eines Menschen auch in seinem Äußeren widerspiegelt, kann das Gesicht Hinweise geben auf die gesundheitliche Konstitution, auf Funktionsstörungen und mögliche Disharmonien. Ein traditionsverbundener chinesischer Arzt kann mit Hilfe der Gesichtsdeutung bei seinen Patienten Krankheiten bereits erkennen, bevor sie zum Ausbruch kommen. Natürlich braucht er dafür sehr viel Übung und eine genaue Beobachtungsgabe.

Die Gesichtsdeutung soll und will andere Diagnosen nicht ersetzen, aber sie kann als Anregung dienen, die Zusammenhänge oder den Hintergrund einer Krankheit besser zu verstehen. Sie kann uns zur Wachsamkeit anregen, dazu, unserem Körper mehr Aufmerksamkeit zu schenken. Wieviel wirklich dran ist an den Überlieferungen der chinesischen Gesichtslesekunst, sollen Sie, liebe Leser, selbst beurteilen. Denn letztendlich ist jeder Mensch für sein körperliches und seelisches Wohlbefinden selbst verantwortlich.

In diesem Kapitel möchte ich Ihnen einige Hinweise und Tips geben, die Ihnen helfen sollen, einen besseren Zugang zu sich selbst zu finden, und die es Ihnen ermöglichen, die Signale Ihres Körpers etwas bewußter wahrzunehmen und somit besser mit ihnen umzugehen.

Mund und Lippen

Die chinesische Medizin geht davon aus, daß sich vom Mund-Lippen-Bereich Rückschlüsse ziehen lassen auf den gesundheitlichen Zustand unserer Verdauungsorgane. Zugleich werden Mund und Lippen in China auch als Genußorgane bezeichnet; sie sollen unsere Gefühle offenbaren.

So wird nach der Überlieferung behauptet: Wenn die Mutter während der Schwangerschaft wesentlich mehr Eiweiß als Kohlenhydrate zu sich genommen hat, bekommt das Baby einen großen Mund. Natürlich kann niemand beweisen, ob diese Vermutung auch stimmt. Sie können das aber selbst – bei sich oder einer Ihnen nahestehenden Person – einmal überprüfen. Auch soll sich an der Beschaffenheit des Mundwinkels der Zustand der Bauchspeicheldrüse erkennen lassen. Ein feuchter oder gar nasser Mundwinkel läßt altchinesischer Auffassung nach auf eine Unter- oder Überfunktion schließen.

Zum Mundbereich gehört auch die Zunge. Für eine ärztliche Diagnose ist ihre Farbe entscheidend. Das erste, was der Arzt – auch der westliche – bei einer Untersuchung verlangt: Zeigen Sie mir die Zunge. Eine dunkelrot gefärbte Zunge kann ein Anzeichen für Entzündungen oder für aktuelle Störungen im Magen-Darm-Bereich sein. Schimmert sie weißlich, geht man davon aus, daß eine Kreislaufstörung die Ursache ist. Manchmal steckt auch eine Erschöpfung des Verdauungsapparates dahinter. Die gelbe Zunge verbindet man mit Entzündungen im Gallenbereich, hervorgerufen durch einen Mangel an Gallenflüssigkeit. Und von einer blauviolett verfärbten Zunge wird behauptet, daß diese Person zu reichlich Zucker konsumiert oder unter Umständen zu viele Medikamente zu sich nimmt.

Augenbrauen und Augen

Wie wir schon erfahren haben, kann man von den Augenbrauen auf die Nierenfunktion schließen. In China heißt es: Die Niere ist die passive Energie des Körpers. Aber die Brauen sollen uns auch verraten können, von welchem Elternteil ein Mensch in seinen Erbanlagen mehr beeinflußt wird. Ist ein Kind stärker von der väterlichen Sippe geprägt, ist seine linke Braue dichter und breiter als die rechte. Dominieren dagegen die mütterlichen Erbanlagen, zeigt das eine dichtere und breitere rechte Braue.

In China gilt die Regel: Je länger die Augenbrauen, desto länger das Leben. Keiner sollte sich jedoch grämen wegen zu kurz geratener Brauen. Wenn sie gleichzeitig sehr dicht gewachsen sind, vermuten die alten *Siang Mien*-Meister nämlich eine aktive, gesundheitlich sehr robuste Persönlichkeit.

Wenn zwischen den Augenbrauen Haare wachsen, spricht man von einer tendenziellen Anfälligkeit für Störungen von Leber, Nieren, Milz oder Bauchspeicheldrüse. Diese Anfälligkeit könnte von übermäßigem Konsum tierischer Nahrung, einschließlich Milchprodukten, oder von zu fetten Speisen herrühren.

Wichtige Informationen über das gesundheitliche Allgemeinbefinden glaubt man anhand der Farbe im und um den Augenbereich zu gewinnen. Man muß aber bedenken, daß die Farbe sich täglich verändern kann, und zwar in dem Maß, in dem sich unsere körperliche Verfassung ändert. So können dunkle Ringe um die Augen herum ein Zeichen von körperlicher Erschöpfung oder Abgeschlagenheit sein. In der chinesischen Medizin zieht man aber auch zu salzhaltiges Essen oder überwiegend geröstete oder getrocknete Nahrung als mögliche Ursache in Betracht.

Rötliche Augenringe schreibt man einem überlasteten Kreislauf zu, bedingt durch nervöse Anspannungen. Manchmal klagt eine solche Person noch zusätzlich über kalte Hände und Füße. Bei Frauen können rötliche Augenringe auch von Schmerzen während der Menstruation herrühren.

Wie gesagt, alle diese Aussagen entstammen der traditionellen chinesischen Überlieferung. Ob sie auch für Sie zutreffen, müssen Sie allein beurteilen!

Wie sich Leidenschaft und erotische Phantasien im Gesicht offenbaren

Der Flirt

Der Flirt ist ursprünglich nichts anderes als ein menschliches Balzverhalten, das unseren Vorfahren einzig und allein dazu diente, den Akt der Fortpflanzung anzubahnen. Mittlerweile haben wir diese ehemals rein zweckgebundene Angelegenheit zur Kunst hochstilisiert. Flirten ist im gleichen Maße Amüsement und Unterhaltung wie auch Mittel zum Zweck – dem Zweck nämlich, einem anderen Menschen zu signalisieren: Ich finde dich toll, du hast mein Interesse geweckt, ich möchte dich näher kennenlernen! Und du erregst mich sexuell!

Alle diese Signale registriert unser Gehirn innerhalb weniger Sekunden. In der Regel wird uns dies nicht einmal bewußt. Ebensowenig wie die Tatsache, daß diese Sekunden oder Sekundenbruchteile über Erfolg oder Mißerfolg eines Flirtversuchs entscheiden.

Doch wir merken ziemlich schnell, ob unser Gegenüber zu einem Flirt bereit ist. Genauer: Wir lesen es seinem Gesicht ab.

Zur Kontaktaufnahme gehen wir oft erheblich raffinierter und subtiler als unsere Vorfahren vor – manchmal allerdings auch sehr viel direkter. Wer sich schon einmal näher mit menschlichen Verhaltensmustern befaßt hat, wird festgestellt haben, daß sich die Verfassung und Stimmung, aber auch die Absicht des Gegenübers recht gut einschätzen lassen. Was also genau passiert im Augenblick des Flirtens? Hier müssen wir zunächst unterscheiden zwischen männlichem und weiblichem Flirtverhalten.

Beim Mann bricht eine Art Jagdinstinkt hervor. Er versucht, die Aufmerksamkeit seiner Auserwählten auf sich zu lenken: durch besonders lautes Reden, betontes Lachen, ausholende Gesten. Befindet er sich in einer Gruppe, wird er ganz spontan versuchen, sich daraus zu lösen. Er will, daß sie ihn als Einzelwesen wahrnimmt, versucht jegliche Verwechslung mit anderen von vornherein auszuschließen. Gönnt sie ihm einen Blick, wird er versuchen, so lange wie möglich mit ihr Blickkontakt zu halten. Dann werden seine Augen ganz automatisch über Busen, Hüften, Po bis hin zu den Beinen wandern.

Interessant ist, daß der Blick des Mannes rein instinktiv besonders lange und intensiv auf der weiblichen Körperpartie zwischen Taille und Becken verweilt. Denn gerade diese Region ist für Sexualität und Fortpflanzung von besonderer Bedeutung.

Frauen verhalten sich beim Flirten zwar ähnlich, in einigen Details aber dennoch ganz anders. Im allgemeinen fühlen sie sich in einer Gruppe sicherer, brauchen manchmal sogar das Gefühl von weiblichem Solidarverhalten – schon für den Fall, daß ihr Flirtversuch erfolglos bleiben sollte.

Hat ein Mann ihr Interesse geweckt, wird sie ihm einen raschen Blick zuwerfen, um sofort wieder wegzuschauen. Wird der Blickkontakt erwidert, läßt sie ihre Augen etwas länger auf seinem Gesicht verweilen und senkt dann langsam die Augenlider. Danach wirft sie ihm ein paar schnelle, wie zufällig wirkende Blicke zu. Gleichzeitig beginnt sie vielleicht, ihre Finger durch die Haare gleiten zu lassen und ihre Lippen zu befeuchten. Beides signalisiert unverkennbar sexuelles Verlangen. Ihr Lachen wird nicht etwa laut, sondern lockend, girrend. Unbewußt gleiten ihre Finger spielerisch über ihren Hals, manchmal auch über die Arme.

Bei einer emanzipierteren, beruflich erfolgreichen Frau lassen sich im Flirtverhalten einige männliche Komponenten beobachten. Sie braucht nicht die Sicherheit einer Gruppe, um einen Flirt zu beginnen, sondern sucht sofort den direkten Blickkontakt zu ihm. Seinem Blick hält sie ungeniert stand, manchmal geht sie sogar durch frivoles Augenzwinkern in die Offensive. Lockend läßt sie ihre Zunge über ihre Lippen gleiten. Ihre Gestik wirkt weniger verhalten, und oft wirkt sie als unverhohlene Aufforderung, sich ihr zu nähern. Die Gefahr abzublitzen, kalkuliert sie in ihr Flirtspiel mit ein; ihr Selbstbewußtsein läßt sich durch einen etwaigen Mißerfolg auf keinen Fall erschüttern.

Siang Mien sagt, daß Frauen und Männer, bei denen die rechte Augenbraue stärker ausgeprägt ist als die linke, nur selten Spaß finden am Flirten. Es fällt ihnen ganz offensichtlich schwer, sich spontan für einen bestimmten Typ zu entscheiden.

Männer mit großem Brauenabstand sind eher schüchtern und zurückhaltend und müssen sich erst einmal einen Ruck geben, bevor sie einer Frau zweimal in die Augen schauen. Was sehr schade ist – denn gerade schüchterne Männer haben ausgesprochen gute Chancen bei Frauen. Vielleicht weil sie unterschwellig an deren Mutterinstinkt appellieren.

Frauen mit schräg nach oben gestellten Augen lieben es zu flirten. Sie werden ohne Zögern den Mann ihrer Wahl fixieren und ihm durch tiefe Blicke in die Augen ihre Bereitschaft zu einem kleinen Abenteuer signalisieren.

Frauen mit großen Augen sind wohl die begehrtesten Flirtobjekte für Männer. Sie brauchen von sich aus nicht viel dazuzutun, weil sie ganz sicher sind, daß ein Blick aus ihren vielversprechenden Augen Männerherzen höher schlagen läßt. Als Meisterinnen im Flirten aber gelten Frauen mit nach unten geneigter Nasenspitze.

Signale der Erregung

Einem Flirtabenteuer können ganz unterschiedliche Absichten zugrunde liegen: Die einen versprechen sich davon einfach eine nette, amüsante Unterhaltung, andere wiederum flirten in der eindeutigen Absicht, jemanden «aufzureißen». Entsprechend kann ein Flirt sowohl die Einleitung zu einem heißen One-nightstand oder aber der Beginn einer echten Beziehung sein. Oder er endet nur mit dem Austauschen von Telefonnummern und einer schönen Erinnerung; Frauen werden in diesem Fall vor allem das Gefühl genießen, für einen Mann attraktiv und begehrenswert zu sein.

War mit dem Flirt eindeutig Sex beabsichtigt, wird sich auch die Atmosphäre zwischen beiden Flirtenden entsprechend verändern: Sie wird elektrisierender, spannender, sie heizt sich auf. In die Unterhaltung fließen eindeutige Zweideutigkeiten ein, in der Absicht, an den Reaktionen des Gegenübers zu testen, wieweit es bereit ist mitzugehen. Im günstigen Fall gibt man durch kokette Anspielungen zu verstehen, daß noch mit weit verheißungsvolleren Genüssen zu rechnen ist.

Die Streicheleinheiten, die man ganz unbewußt dem eigenen Körper schenkt, sollen dem Partner signalisieren, mit welcher Fülle von Liebkosungen er zu rechnen hat. Der Augenaufschlag wird koketter. In Wortspielereien läßt man mancherlei geheimnisvoll verschlüsselte Botschaften mit einfließen, allesamt Versprechen der zu erwartenden Leidenschaft. Der Flirtpartner muß nur noch bereit sein, sich auf diese Verlockungen einzulassen.

Die Bereitschaft, sich dem anderen sexuell hinzugeben, läßt sich an vielen kleinen, mehr oder weniger versteckten Signalen ablesen. Bei Männern wird zum Beispiel die Stimme merklich tiefer und heiserer, während sie bei Frauen eine weichere Färbung annimmt. Bei beiden Geschlechtern geht der Atem rascher, der

Pulsschlag schnellt in die Höhe, das Herz schlägt merklich lauter. Die Augen strahlen und bekommen einen feuchten Glanz. Die Pupillen weiten sich; ihre Größe kann sich in der Phase der Erregung sogar verdoppeln. Die gesprochenen Sätze werden kürzer, teils sind sie unvollständig.

In dieser Phase des Sich-näher-Kommens setzt nicht nur das Schmerzempfinden weitgehend aus, sondern auch das Denkvermögen. Würde ein Unbeteiligter versuchen, einen logischen Sinn in der Unterhaltung zweier Flirtender zu finden – er würde vergeblich danach suchen. Es geht einzig nur noch darum, Lust zu entfachen, sich selbst und den Partner anzutörnen.

Ein typisches Merkmal einer Frau, deren Erregung im Flirt steigt, ist die wechselnde Farbe der Wangen. Manchmal werden sie von einem sanften rötlichen Schimmer überflutet, dann wieder erblassen sie. Die Bewegungen ihres Körpers werden insgesamt weicher, fließender.

Weitere erotische Signale: Hände, Schenkel oder Knie der Flirtenden berühren sich wie zufällig. Das ist der Moment, in dem der Funke endgültig überspringt. Automatisch werden die Hüftbewegungen lasziver, betonter. Der Gang wird aufreizend, die Oberschenkel sind angespannt. Die Lippen röten sich und schwellen an. Die Nasenflügel weiten sich. Alle diese Merkmale lassen sich beim Mann ebenso feststellen wie bei der Frau. Sie sollen dem Partner verraten: Ich bin erregt, bereit, dich zu erobern und von dir erobert zu werden. Ich bin bereit, mit dir Sex zu haben, Lust zu geben und zu erleben.

Wir sollten diese untrüglichen Signale sehr genau kennen. Das kann in gewissen Situationen sehr hilfreich sein. Es geht nämlich auch darum, uns vor Enttäuschungen zu bewahren. Denn jeder von uns wird es auch mal erleben, daß jemand Interesse nur heuchelt und Erregung simuliert. Dann wird unser Wissen uns davor bewahren, in unseren Gefühlen verletzt zu werden.

Wer selbst einem anderen Erregung nur vorspielt, wird feststellen, daß bei ihm die eben beschriebenen Symptome nicht festzustellen sind. Ein Flirt ohne seelische Anteilnahme – warum nicht? Aber beide Beteiligten sollten sich in diesem Fall nichts vormachen: Es geht nur um einen schnellen Spaß ganz en passant.

Siang Mien weiß, daß Männer, deren Augenfarbe man als gemischt bezeichnen kann – also graugrün oder graublau –, sich im allgemeinen viel Zeit für die Liebe nehmen und sehr geduldig sind. Eine Frau, die sich auf so einen Mann einläßt, wird kaum von ihm zum Objekt bloßer Begierde herabgestuft werden. Denn er wird nicht dem eigenen Orgasmus hinterherjagen, sondern einfühlsam auch die Wünsche seiner Partnerin berücksichtigen.

Für Frauen und Männer mit gemischtfarbenen Augen ist es von elementarer Wichtigkeit, tief und aufrichtig geliebt zu werden. Dann können sie die besten Lover der Welt sein.

Menschen, bei denen unterhalb des unteren Augenlids kleine, dünne Fältchen verlaufen, stehen, so weiß man, ständig unter Strom und können einen besonderen Heißhunger auf sexuelle Genüsse entwickeln. Oft findet sich dieses Merkmal bei Personen, die gleichgeschlechtliche Liebe bevorzugen oder bisexuell sind.

Menschen mit diesen Fältchen unter den Augen haben einen unglaublichen Charme, den sie ganz gezielt für ihre amourösen Feldzüge einzusetzen verstehen. Aber auch während der Phasen, in denen sie partnerlos leben, haben sie selten Probleme mit ihrer Sexualität: Selbstbefriedigung ist für sie das Natürlichste auf der Welt.

Überhaupt lassen sie sich in ihrem Leben und erst recht in ihrer Sexualität kaum von irgendwelchen Tabus einschränken. Für sie gibt es weder bestimmte Tageszeiten noch Örtlichkeiten, weder außergewöhnliche Praktiken noch Konstellationen, die «verboten» sind. Sie tun, worauf sie gerade Lust haben. Und verstehen es, ihre Lust in abwechslungsreichen Varianten und mit viel Phantasie voll auszuleben.

Aber nicht nur die Augenregion verrät uns viel darüber, ob und wie jemand Sex zu genießen versteht. Auch der Mundbereich ist sehr verräterisch.

Menschen mit langen und zugleich dicken Oberlippen werden stark von dem Zwang beherrscht, in der Sexualität zuerst ihre eigenen Bedürfnisse zu befriedigen – und darüber die Wünsche ihrer Partner leicht zu vergessen. Kein Wunder also, daß jemand, der mit einer langen Oberlippe zusammenlebt, Liebe und Sex oft als sehr disharmonisch empfindet und in manchen Fällen niemals erfährt, wie wichtig das Ausleben eigener Wünsche und erotischer Phantasien ist.

Für Menschen mit einem großen Mund ist das Antörnen des Partners genauso wichtig wie der eigene Kick. Als phantasievolle Liebhaber verstehen sie nicht nur zu nehmen, sondern sie können auch sehr viel geben. Dabei pflegen sie sich viel Zeit zu nehmen, um zum Höhepunkt zu gelangen. Männer mit großem Mund gelten als unschlagbare Potenzwunder.

Ein kleiner Mund verheißt fast immer einen schnellen Orgasmus. Ebenfalls zur «schnellen Truppe» zählt man Menschen, deren Unterlippe dünn und länger als die Oberlippe ist.

Sehr fleischige Oberlippen versprechen genauso wie gleichmäßige, neumondförmige Augenbrauen ständige sexuelle Hochspannung und die Bereitschaft, auch unkonventionelle Phantasien zu verwirklichen – wobei es völlig sekundär ist, ob die Lust im Fahrstuhl oder hübsch traditionell im Bett erlebt wird.

Volle Unterlippen, die etwas vorstehen, finden sich oft bei Menschen, die, haben sie erst einmal ihre Anfangshemmungen überwunden, Liebe zu dritt allen anderen Kicks vorziehen.

Menschen mit dunklen Lippen wissen meist sehr genau, was sie wollen – auch im Bett. Sie werden sich nicht zieren, die Initiative zu ergreifen. Sie verblüffen ihren Partner durch hemmungslose Leidenschaft, verstehen ihn aber auch enthusiastisch mitzureißen.

Frauen mit schiefem Mund reden viel und gern – auch beim Liebesakt. Da diese Evas wissen, daß selten ein Mann allein so viel Verbalakrobatik verkraften kann, werden sie nicht zögern, sich mit zwei oder mehr Lovern Befriedigung zu verschaffen.

Menschen mit schlechten Zähnen spricht man nur eingeschränkte Lust am Liebesspiel zu. Große Lust und zugleich große sexuelle Potenz vermutet man dagegen bei Männern mit Glatze, mit starker Brustbehaarung sowie mit M-förmigem Haaransatz bei gleichzeitig großem Mund.

Strenge, verkniffene Lippen können uns verraten: Dieser Mensch ist nur sehr schwer zu befriedigen. Für den Partner wird es schwer werden, überhaupt seine Lust und Hingabebereitschaft zu wecken.

Daneben sollten wir nicht versäumen, auch den Ohren und der Nase einen kurzen Blick zu gönnen.

Über Frauen, deren Ohren oberhalb der Augenlinie ansetzen, sagt man, daß sie beim Liebesspiel die traditionelle untere Lage bevorzugen. Während Frauen, deren Ohren unterhalb der Augenlinie beginnen, mit Vorliebe die obere Position einnehmen und ihrem Partner beim Sex am liebsten in die Augen sehen.

Feine, dünne Fältchen oder Linien unterhalb der Nasenwurzel, etwa parallel zum Mund verlaufend, finden sich häufig bei Frauen und Männern, die kaum an etwas anderes denken als an – Sex. Nicht nur ihre Lust gilt als unerschöpflich, sondern auch ihre heiße Gier, ihre wilden Triebe auf jede erdenkliche Weise auszuleben.

Erotische Phantasien

Wie wir aus Erfahrung wissen, bedeutet Sexualität nicht immer auch Erotik, ebensowenig wie Erotik zwingend etwas mit Sex zu tun haben muß. Wenn aber Sexualität und Erotik miteinander gepaart sind, sollte man dieses Erlebnis als ein Geschenk der Götter genießen.

Während Sexualität aus dem Bauch heraus kommt, verbindet Erotik das Wissen um Sexualität mit Gefühl und Phantasie. Ob jemand die Fähigkeit zur erotischen Phantasie hat, läßt sich von einem erfahrenen Gesichtsdeuter an verschiedenen Merkmalen im Gesicht dieses Menschen ablesen.

So interpretiert man große, fleischige, vielleicht auch wulstige Ohrläppchen als ein Zeichen dafür, daß sehr viel Phantasie und die Fähigkeit zu einem rauschenden Fest der Lust im Spiel ist. Menschen mit solchen Ohren gelten als perfekte Liebhaber.

Auch von Menschen mit kleinem Mund wird behauptet, daß sie phantasievoll sind – und sehr erfinderisch: Sie haben keinerlei Hemmungen, selbst Ausgefallenes in die Tat umzusetzen.

Bei Menschen mit großen Augen finden die ausgefallenen erotischen Spiele in erster Linie im Kopf statt; sie werden selten auch aktiv ausgelebt. Vermittelt jemand diesen Menschen aber den entscheidenden Kick, können sie ihre kühle Fassade im Nu ablegen und ihrem Partner mit unvermuteten erotischen Verführungskünsten einheizen.

Ein gut geformter Mund mit klaren Konturen verrät uns: Dieser Mensch ist rücksichtsvoll und verständig. Er wird sich vermutlich viel Zeit nehmen für die Liebe und sich dem Partner gegenüber so lange zurückhalten, bis er sicher ist, daß der Spaß am erotischen Spiel nicht nur ihn selbst restlos befriedigt.

Nach innen verlaufende und zugleich nach unten gebogene Mundwinkel finden sich häufig bei Menschen, die sehr stark vom eigenen Geschlecht erotisiert werden. Sowohl Frauen als auch Männer mit solch einem Mund werden ihre Phantasie auf gleichgeschlechtliche Genüsse richten.

Eine sehr klar konturierte Oberlippe mit V-förmigem Einschnitt oder einem Punkt in der Mitte signalisiert große Sensibilität, erotische Raffinesse und äußerst kultivierte sexuelle Ansprüche. Diese Menschen gelten als hochempfindlich und in der Regel sogar als schüchtern. Wer glaubt, ein solcher Partner ließe sich zu einem Quicky verführen, liegt gänzlich falsch: Für schnellen Sex sind diese zarten Seelen überhaupt nicht zu begeistern. Dafür können sie sehr behutsam und mit großem Einfühlungsvermögen ihrem Liebespartner zu unglaublichen erotischen Wonnen verhelfen.

Tiefliegende Augen bei Frauen und Männern verraten ihren ungewöhnlichen Appetit auf ständig neue erotische Affären und die Vorliebe für schnellen, direkten Sex ohne Vorspiel.

Ein V-förmiger Haaransatz – man findet ihn öfter bei Männern – weist auf viel Sinnlichkeit hin und verrät Geschmack an ausgedehnten erotischen Spielen. Die Wahrscheinlichkeit ist nicht gerade klein, daß man es hier sogar mit einem ausgesprochenen Liebhaber recht ungewöhnlicher Liebespraktiken zu tun hat. Auch Menschen mit neumondförmigen Augenbrauen mögen's sinnlich und phantasievoll. Vor allem aber legen sie Wert auf ihre eigene Befriedigung. Sollte ihr Partner die schnelle Nummer vorziehen, werden sie ihm so lange zu Leibe rücken, bis sie ihren Höhepunkt erreicht haben.

Frauen und Männern mit hervorstehenden Augen spricht man eine Vorliebe für Gruppensex oder wenigstens Sex zu dritt zu. Auch wenn diese erotischen Wünsche nicht immer ausgelebt werden – der heimliche Wunsch danach ist fast immer vorhanden.

Menschen mit einer Stupsnase gelten als träumerische Naturen, die eine Vorliebe für romantischen Sex mit eher traditionellen Stellungen haben. Von erotischen Experimenten halten sie nur wenig.

Spitzen Ohren schreibt man einen Hang zu ausgesprochen phantasievoller Erotik zu. Ihre sexuellen Verführungskünste lassen kaum einen Wunsch unerfüllt.

Männer mit einer höckrigen Nase erwecken oftmals den Eindruck, daß sie eine Beziehung nur aus einem einzigen Grund eingehen wollen: um ihren sexuellen Trieb zu befriedigen. Dabei bleibt fraglich, ob dieser charmante Lüstling genügend auf die Bedürfnisse seiner Partnerin eingehen wird. Über ein Zuwenig an Sex und erotischer Phantasie dürfte sie sich aber kaum zu beklagen haben.

Ob ein Mann in der Liebe eher wild und rücksichtslos oder eher zärtlich und verführerisch vorgeht, läßt sich am besten an seinem Mund erkennen. So wird zum Beispiel behauptet, daß einem Mann, dessen Oberlippe eine durchgehende Kurve aufweist, jegliches Einfühlungsvermögen fehlt. Er wird seine Bedürfnisse grob und ohne viel Federlesens befriedigen und dabei erfahrungsgemäß wenig Rücksicht auf das Glück und die sexuelle Erfüllung seiner Partnerin nehmen.

Eine fleischige Oberlippe, die gerade und bis zu den Mundwinkeln hin breit ist, findet sich vorwiegend bei Männern, die beim Sex unglaublich erfinderisch und phantasievoll sein können und ein Faible für die Verbindung von Schmerz und Lust haben. Vielleicht genießen sie es, von einer dominanten Frau mit sexueller Strenge behandelt zu werden. Doch das soll nicht etwa bedeuten, daß wir es hier mit reinen Masochisten zu tun hätten. Diese Männer können *beide* Seiten des SM-Sex genießen. Wenn sie eine entsprechende Partnerin haben, können sie durchaus auch Spaß daran empfinden, selbst die Rolle des sexuellen Gebieters anzunehmen.

Männer, deren Oberlippe in der Mitte genauso stark ausgeprägt ist wie die Unterlippe, können extrem schnell ihre Selbstbeherrschung verlieren. Daher bestehen einige Zweifel, ob sie einer Frau sexuelle Erfüllung bringen können.

Erotische Erfüllung

Nachdem wir nun gelernt haben, auf welche unterschiedlichen Merkmale wir beim Studium eines Gesichts achten müssen, um etwas über die geheimsten sexuellen Wünsche und Veranlagungen unseres Gegenübers zu erfahren, können wir uns mit sehr viel Takt und Feingefühl an die Entschlüsselung seiner erotischen Bedürfnisse wagen. Wir werden imstande sein, dank unserer fortgeschrittenen Kenntnisse relativ schnell herauszufinden, was ihm erotische Erfüllung bringt – und woran es liegen könnte, daß sie ihm versagt bleibt. Allerdings wäre es geradezu verwerflich, dieses Wissen als Machtinstrument gegen irgend jemanden einzusetzen.

Sind es Freunde, die uns gegenübersitzen, fällt es uns wahrscheinlich etwas leichter, in einem offenen Gespräch behutsam und sehr taktvoll unsere Erfahrungen und unseren Rat anzubringen. Bei Fremden, Vorgesetzten, Kollegen, Untergebenen sollten wir unser Wissen auf gar keinen Fall dazu mißbrauchen, uns Vorteile zu verschaffen. Ein solcher Mißbrauch würde eindeutig gegen die ehrenhaften Vorschriften der *Siang-Mien*-Meister verstoßen. Und wir sollten nie vergessen, wie empfindlich wir selbst reagieren, wenn es um unsere eigene Sexualität geht.

Wir sollten auch stets bedenken, daß wir uns unseres Wissens nie ganz sicher sein können. Bekanntlich gibt es auf jedem Gebiet Ausnahmen – also auch auf dem der Gesichtsdeutung.

Trotz aller Erfahrungen auf diesem Gebiet ist nicht auszuschließen, daß wir manchmal mit einer faustdicken Überraschung rechnen müssen. Trotz reiflichen Studiums dieses Buchs und Abwägung aller Merkmale werden Sie bei einer Gesichtsdeutung bisweilen zu einem Ergebnis gelangen, das schlichtweg so nicht stimmen kann. Dieser Fall könnte zum Beispiel dann eintreten, wenn sich unser Gegenüber einer Gesichtskorrektur unterzogen hat. Die Möglichkeiten der plastischen Chirurgie, operativ Augen, Nase, Mund und sogar Kinn und Ohren zu verändern, sind heute fast unbegrenzt.

Trotz aller Vorsicht, die wir walten lassen sollten – eine Gesichtsdeutung in Hinblick auf die sexuellen Vorlieben und Bedürfnisse unserer Mitmenschen kann natürlich sehr reizvoll sein. Kollegen, die uns nicht so gut gesonnen sind, oder unseren Chef, der einem das Leben oftmals vergällt, werden wir unter einem ganz neuen Gesichtswinkel kennenlernen – und ihnen vielleicht mit neuem Verständnis begegnen.

Stellen Sie sich vor, Ihr übellauniger Chef hat dunkle Augen mit nach innen wachsenden Wimpern. *Siang Mien* sagt in diesem Fall, daß dieser Mensch mit großen Schwierigkeiten in seinem Liebesleben zu kämpfen hat. Vielleicht läßt sich jetzt viel besser verstehen, warum er seinen angestauten Frust im Büro loswerden möchte? Vielleicht kann Ihre Kenntnis dazu beitragen, gegenüber diesem eigentlich bedauernswerten Mann mehr Nachsicht zu üben und so das Arbeitsklima zu verbessern.

Warum aber haben Menschen mit dunklen Augen und nach innen wachsenden Wimpern Schwierigkeiten mit ihrer Sexualität? Vor allem werden sie von ständiger Angst geplagt, im Bett zu versagen. Sie setzen sich selbst unter Erfolgszwang, was die Sache genau ins Gegenteil kehrt. Was sie nie gelernt haben, ist, sich fallenzulassen. Und darin liegt ihr Problem. Ständige Eigenkontrolle macht es ihnen sehr schwer, mitunter sogar unmöglich, ihre eigene Lust zuzulassen, sie zu genießen. Um wirkliche sexuelle Befriedigung zu erlangen, müssen sie verstehen lernen, daß niemand perfekt sein kann, schon gar nicht auf sexuellem Gebiet – und daß ein verständnisvoller Partner auch keinen perfekten Sex von ihnen erwarten wird.

Menschen mit nach außen abfallenden Augen, bei denen eine Augenbraue höher liegt als die andere, empfinden Sex häufig als etwas Verbotenes. Das kann möglicherweise an einer übertrieben strengen Erziehung liegen. Über Liebe und Sexualität wurde in ihrem Elternhaus vermutlich strengstes Stillschweigen gewahrt. Daher kann sich in der Pubertät bei diesen Menschen ein maßlos übersteigertes Interesse an Sex entwickelt haben. Diese Gier verschwindet meistens in der Ehe oder einer festen Beziehung und macht verstärkt dem Bedürfnis nach Zärtlichkeit, ausgiebigem Schmusen und dem Wunsch, gebraucht zu werden, Platz. Was aber nicht heißen soll, daß beim Sex die Leidenschaft zu kurz kommt.

Wer von Natur aus sehr schmale Augenbrauen besitzt, wird in der Regel nur wenig Interesse zeigen an Sex. Diese Menschen legen vielmehr Wert auf geistige Herausforderungen und sind durchaus glücklich und zufrieden, wenn sie auf diese Weise ihren Sexualtrieb sublimieren.

Menschen mit sehr dichten Brauen sind ständig auf der Suche nach neuen erotischen Erlebnissen. Man könnte glauben, für sie würde sich alles nur um dieses eine Thema drehen. Durch ihr übersteigertes Verlangen werden sie nur selten Erfüllung finden, weil sie nach der kleinsten Enttäuschung Reißaus nehmen. Ihren Liebespartnern wird nur selten die Chance eingeräumt, sich auf ihre sexuellen Bedürfnisse einzuspielen.

Zusammengewachsene Augenbrauen gehören meist Menschen, für die zur höchsten Lust der Schmerz gehört. Zumindest eine latente Neigung zum lustvollen Leiden ist vorhanden.

Augenbrauen, die nach außen abfallen, lassen den Schluß zu, daß diese Menschen mit ihrem Sexleben einige Schwierigkeiten haben. Ihr größtes Problem dürfte sein, daß sie im Bett arg verklemmt sind. Wenn sie aber auf einen dominanten, aktiven Partner treffen, der ihre sexuelle Scham ignoriert, können sie durchaus die Lust an der körperlichen Liebe erlernen.

Frauen mit nach außen ansteigenden Augen gelten als schamlos und sexuell sehr offen. Den schärfsten Kick kriegen sie, wenn sie von ihrem Lover im Bett als Lustsklavin behandelt werden.

Männer mit nach außen gewölbten Augen bevorzugen wilden, leidenschaftlichen Sex. Dabei benutzen sie ihre Partnerinnen mehr oder weniger als reine Lustobjekte. Diese Konzentration auf die eigene Befriedigung könnte die Ursache dafür sein, daß diese Männer sich oft sehr einsam fühlen und ständig auf der Suche nach neuen Partnerinnen sind.

Menschen mit rechteckiger Augenform sind manchmal, was ihre sexuelle Befriedigung angeht, ziemlich blockiert. Sie haben offensichtlich Angst, die Kontrolle über ihre Gefühle zu verlieren, und ziehen sich zurück, bevor der Liebesakt ihnen Erfüllung bringt. Erst wenn sie diese Hemmschwelle überschreiten, werden sie den Rausch der sexuellen Lust entdecken.

Wer auffallend helle Augen hat, ist in der Liebe sehr rasch zu befriedigen. Diese Menschen legen wenig Wert auf raffinierte Stimulanzen, für sie ist Sexualität eine schnelle Sache, die immer neue Höhepunkte braucht. Ihre häufigen Partnerwechsel müssen aber nicht bedeuten, daß sie nicht treu sein könnten. Nur brauchen sie ständig den Kick des Neuen, um zum Orgasmus zu kommen.

Frauen und Männer mit dunklen Augen sind im allgemeinen zurückhaltend und lieben sehr intensiven, variantenreichen Sex. Und sie gelten als leidenschaftliche Dauer-Lover. Um sie vollkommen aus der Reserve zu locken, bedarf es zwar einiger Anstrengungen. Aber wenn sie ihre Zurückhaltung abgelegt haben, sind sie nicht mehr zu bremsen und sprühen vor erotischen Phantasien, die ihren Partnern den Atem rauben werden.

Frauen mit auffallend großen Augen gelten als leicht entflammbar und sind schnell zum Höhepunkt zu bringen.

So kommen Sie in Partnerschaft und Beruf mit anderen zurecht

Wenn heute sehr viele Menschen kein harmonisches Leben zu zweit führen, so liegt es meist daran, daß sie niemals gelernt haben, mit den Augen des anderen zu sehen, mit den Ohren des anderen zu hören und mit dem Herzen des anderen zu fühlen.

Sie gehen von der falschen Annahme aus, zu wissen, was der andere denkt und fühlt, und bringen nur selten genügend Zeit und Mühe auf, sich in die Situation und die Gedankenwelt des Partners hineinzuversetzen. So merken sie nicht, daß vielleicht ein bestimmtes Bild, das sie sich von ihm gemacht haben, keine Gültigkeit mehr besitzt. Vielleicht erscheint er oder sie in einer Konfliktsituation nicht mehr so strahlend selbstsicher, wie man es gewohnt war. Oder irgendeine andere liebgewordene Eigenschaft des anderen vermißt man plötzlich. Und da man nicht gewillt oder nicht imstande ist, zu verstehen, was in oder mit dem Partner vorgegangen ist, ist man enttäuscht von ihm.

«Freundschaft ist nicht nur ein köstliches Geschenk, sondern auch eine dauernde Aufgabe.» Dem ließe sich hinzufügen: Bei Liebe und Partnerschaft ist es ebenso. Jeder Partner sollte und muß bereit sein, an dem (manchmal ein Leben lang) andauernden Prozeß einer sich verändernden Beziehung mitzuarbeiten und eventuell auftauchende Probleme und Schwierigkeiten anzunehmen. Kurz, man muß aktiv daran mitwirken, daß eine Partnerschaft kraftvoll und harmonisch bleibt, daß sie lebt und überlebt.

Um die Möglichkeiten und die Grenzen einer Partnerschaft zu erkennen, ist es sehr hilfreich, das Wissen von *Siang Mien* zu nutzen. Mit Hilfe der Gesichtslesekunst wird es uns möglich sein, festzustellen, welche Gesichtstypen besonders gut zueinander passen und welche Kombinationen von vornherein problematisch sind.

Wir haben im ersten Teil dieses Buches die Formen des Gesichts und die mit ihnen verbundenen charakterlichen Merkmale kennengelernt. Diese Formen lassen sich nun zu drei Grundformen zusammenfassen:

- das runde Gesicht (Mondgesicht),
- das eckige Gesicht (Holzgesicht, Jadegesicht, Erdgesicht, Mauergesicht, Eisengesicht, Metallgesicht),
- das dreieckige Gesicht (Berggesicht, Kübelgesicht, Feuergesicht).

Das Wissen über die Charaktereigenschaften unseres Partners, kombiniert mit den Aussagen über unser eigenes Gesicht, kann uns nur dabei helfen, ihn noch besser einzuschätzen und zu verstehen. Auch dürfte uns manches klarwerden, was sein oder ihr Verhalten uns gegenüber angeht.

Mit der Kenntnis über die Kräfte, die uns verbinden bzw. entzweien, lassen sich unnötige Auseinandersetzungen und Mißverständnisse vermeiden sowie Verständnis und Vertrauen aufbauen. Die Kunst des Gesichtlesens kann uns in dem Bestreben unterstützen, unsere Beziehung sinnvoller und harmonischer zu gestalten.

Im folgenden kombinieren wir drei Grundformen des weiblichen Gesichtes mit den drei Grundformen des männlichen Gesichtes und erklären, welche Chancen und Schwierigkeiten die jeweilige Kombination birgt. Als erstes ist immer die weibliche Gesichtsform, dann die männliche Gesichtsform genannt.

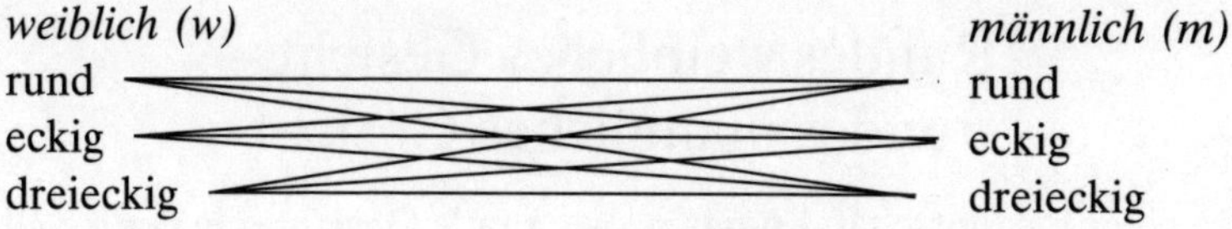
weiblich (w)
rund
eckig
dreieckig
männlich (m)
rund
eckig
dreieckig

Rundes weibliches Gesicht – rundes männliches Gesicht

In einer Partnerschaft kommen zwei runde Gesichter in der Regel gut miteinander aus. Beide haben ähnliche Vorstellungen vom Leben und davon, was sie erreichen wollen. Beide legen Wert auf finanzielle Sicherheit und ein harmonisches Familienleben.

Die Familie gibt ihnen auch die nötige Kraft, die sie brauchen, um im beruflichen Konkurrenzkampf bestehen zu können, um allen Anforderungen gerecht zu werden und allen Anfeindungen standzuhalten. Um erfolgreich zu sein, braucht vor allem der Mann seine private Oase von Ruhe und Geborgenheit. Dabei werden seine Machtansprüche und sein Streben nach Wohlstand nie so weit gehen, daß er dafür jemals den häuslichen Frieden aufs Spiel setzen würde.

Die Frau wird ihrer Rolle als liebende Familienmutter in aller Regel mit Hingabe gerecht, so daß sich von dieser Seite wenig Reibungspunkte ergeben dürften. Es sei denn, diese Rollenverteilung würde durch irgendwelche Faktoren gestört.

In der Sexualität haben beide recht konservative Ansprüche, und weltbewegende Höhepunkte werden nicht erwartet. Wegen mangelnder Leidenschaftlichkeit des Partners werden sich kaum vorwurfsvolle Szenen im Schlafzimmer abspielen – denn keiner der beiden vermißt den sexuellen Enthusiasmus des anderen.

Da er und sie für ein friedfertiges Miteinander die besten Voraussetzungen mitbringen, hat eine Partnerschaft zwischen Menschen mit runden Gesichtern die besten Aussichten auf Beständigkeit.

Treffen zwei runde Gesichter im Berufsleben aufeinander, so hängt eine gute Zusammenarbeit maßgeblich davon ab, ob sie sich auf Anhieb mögen. Ist dies der Fall, wird die Basis für eine gute

Mondgesicht

Mondgesicht

Teamarbeit bestehen, die beide beruflich aneinanderketten wird. Verläuft der erste Kontakt jedoch negativ, wird eine Zusammenarbeit für alle Zeiten unmöglich. Schlimmstenfalls werden sich die beiden runden Gesichter bekriegen, wann immer sich eine Chance dazu bietet, und auch vor Intrigen nicht zurückschrecken.

Rundes weibliches Gesicht – eckiges männliches Gesicht

Dies ist eine sehr häufige Kombination. Für die rundgesichtige Frau wird der erste Eindruck, den ein männliches Wesen mit eckigem Gesicht auf sie macht, von elementarer Bedeutung für die Beziehung sein. Die Sache ist perfekt, wenn dieser erste Eindruck ihr signalisiert: Dieser Mann ist stark, energisch, zuverlässig und rundum sympathisch.

Wenn eine Beziehung zwischen diesen beiden zustande kommt, wird sich die Frau wohl kaum damit zufriedengeben, das Zepter am häuslichen Herd zu schwingen. Die vom Partner ausgehende Dynamik wird sie vielmehr dazu ermutigen, sich selbst in einem Beruf zu engagieren. Und das geschieht oft mit beachtlichem Erfolg.

Zwingend notwendig für ihre Karriere ist ein gut funktionierendes Familienleben – und ein zufriedener Partner. Auf dessen Unterstützung muß sie sich nämlich verlassen können.

Sollte das private Miteinander nicht hundertprozentig harmonisch verlaufen, wird für eine Frau mit rundem Gesicht die Welt schnell aus den Angeln gehoben. Sie neigt dann zum Mißtrauen und zur Eifersucht ihrem Partner gegenüber und wird aus Verzweiflung versuchen, seine Freiheit einzuengen.

Persönliche Freiheiten und ein gewisses Maß an Unabhängigkeit jedoch ist etwas, das ein Mann mit eckigem Gesicht unter allen Umständen für sich beansprucht. Fühlt er sich doch als Patriarch der Familie, der das absolute Sagen hat und dafür sorgt, daß es niemandem aus seinem Clan an etwas fehlen wird. Für Auseinandersetzungen mit seiner Herzensdame in puncto Freiheiten hat er keinen Sinn.

Mondgesicht

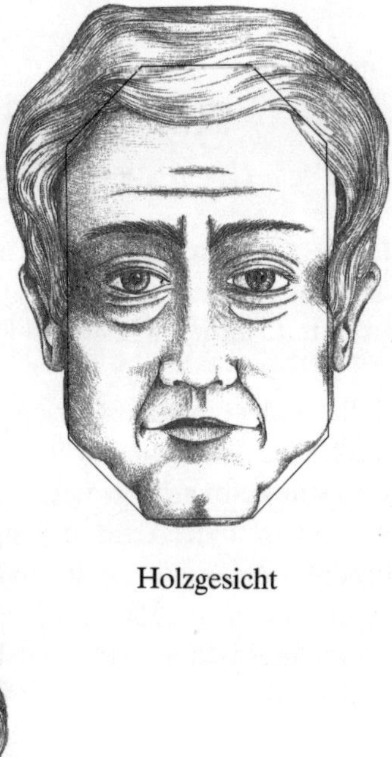

Holzgesicht

Mauergesicht

Beruflich begegnet man Männern mit eckiger Gesichtsform häufig im Chefsessel, zumindest aber in gehobenen Positionen. Wenn sie engen beruflichen Kontakt mit einer rundgesichtigen Frau haben, sollte diese so klug sein, ihnen bereitwillig die Führung zu überlassen. Denn wenn sie seine Kompetenz jemals in Frage stellen würde, wäre die Zusammenarbeit ein für allemal für sie vorbei.

Rundes weibliches Gesicht – dreieckiges männliches Gesicht

Diese Kombination gilt als äußerst brisant: Der Mann mit dreieckigem Gesicht gilt als psychisch leicht instabil, während die Frau mit rundem Gesicht selbst nach Führung und Halt verlangt.

Sollten diese beiden Gesichtstypen eine Partnerschaft eingehen, muß sich die Frau darüber im klaren sein, daß ihr einiges an Belastung abverlangt wird. Seelische und physische Stärke wird ihr abverlangt, Ausdauer und die Bereitschaft, ihren Partner immer aufs neue zu motivieren, ihn in seinem Selbstmitleid aufzufangen. Ihr Part wird sicher nicht leicht sein, denn aufgrund seiner launischen Attacken kommt es häufig zu Provokationen und Reibereien.

Eine Beziehung zwischen beiden hängt also weitestgehend von ihrem Einfühlungsvermögen und der Tiefe des Gefühls ab, das sie dem Partner mit dreieckigem Gesicht entgegenbringt. Wenn ihr ganzer positiver Einsatz bei ihm auf eine ebenso positive Resonanz stößt – dann und nur dann –, können die beiden ziemlich ordentlich miteinander auskommen.

Im Berufsleben wird eine Allianz dieser beiden Gesichtstypen nur selten von Erfolg gekrönt sein. Für die rundgesichtige Frau wird

Mondgesicht

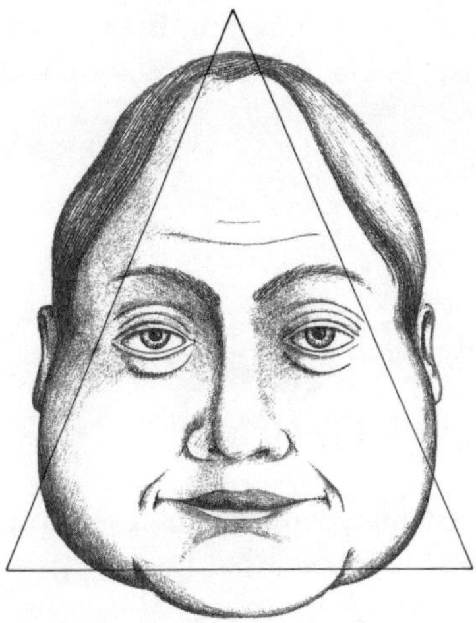

Berggesicht

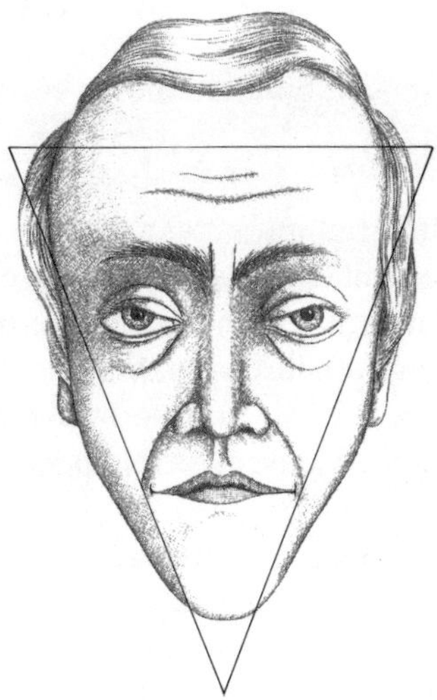

Feuergesicht

es überhaupt keinen Grund geben, sich einem Geschäftspartner mit dreieckigem Gesicht anzupassen – zumal sie genügend Power und einen sachlichen Verstand besitzt, der ihr im Job alle Vorteile verschafft.

Wenn sie also im Beruf nicht bereit sein wird, seine Launenhaftigkeit, seine Überheblichkeit und sein unentschlossenes Handeln zu tolerieren oder gar zu kaschieren, kann von einem produktiven Miteinander kaum die Rede sein. Es sei denn, er könnte sich damit abfinden, sie als Führungskraft zu akzeptieren. Besser und sinnvoller aber ist es zweifellos, beide haben vollkommen getrennte Aufgabengebiete.

Eckiges weibliches Gesicht – rundes männliches Gesicht

Die Kombination dieser beiden Gesichtstypen trifft man sehr oft an.

Die Frau mit einem eckigen Gesicht ist in der Regel eine starke Persönlichkeit. Sie ist entscheidungsfreudig, übernimmt ohne Zaudern Verantwortung, zeigt sich sehr selbstbewußt und überzeugt von ihren Qualitäten. Hat sie sich einmal für etwas entschieden, wird sie voll und ganz dahinterstehen, notfalls sogar unbequeme Konsequenzen in Kauf nehmen.

All diese Eigenschaften kommen einem Mann mit rundem Gesicht sehr entgegen, können sie ihm doch sein Leben gewaltig erleichtern. Er liebt es nämlich geradezu, wenn jemand für ihn Entscheidungen trifft, ihn umsorgt. Er wird ihr nur zu gern das Gefühl vermitteln, daß er ihre Fürsorge schätzt, ja daß er sie sogar – wenn er ganz ehrlich ist – erwartet.

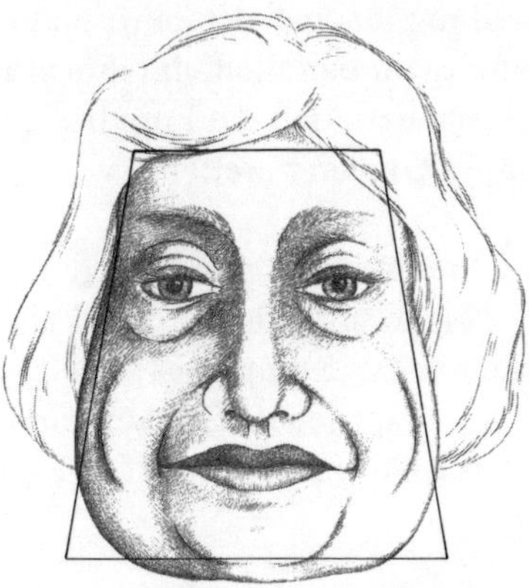

Erdgesicht

Mondgesicht

Er wird ihr ohne falsche Scham sagen können, was er möchte, und das auf eine Art und Weise, die sie nicht als Last empfindet. Wenn er sich mit ihr auseinandersetzt – und das tut er mit wahrer Leidenschaft –, wird das auf sehr einfühlsame Art geschehen. Dabei wird er sorgfältig darauf achten, daß er seine Partnerin nicht verletzt.

So entsteht eine wirklich gute, erfolgreiche Beziehung, die die besten Aussichten auf Bestand hat und in der beide Partner glücklich werden können.

In einer beruflichen Verbindung sieht das nicht ganz so einfach aus. Schwierigkeiten können vor allem auftauchen, wenn der

Mann derjenige ist, der die Chefstellung innehat. Er kehrt unter Umständen den Macho hervor, sollte es ihr einfallen, mit ihm um die bessere Position zu rangeln. Zuzugeben, daß die Frau besser ist als er selbst, würde ihm die größten Qualen bereiten.

Anders als im Privatleben wird eine Frau mit eckigem Gesicht im Beruf eine ganze Menge Egoismus zeigen und alle ihre maskulinen Eigenschaften in die Waagschale werfen: Kampfgeist, Risikofreude, Verantwortungsbewußtsein, praktisches Denken und Handeln. Dieses «männliche» Metier beherrscht sie weit besser als ihr rundgesichtiger Kontrahent.

Und noch etwas spricht dagegen, daß die beiden im Beruf miteinander gut auskommen: Es wird zwischen beiden mit wenig gegenseitigem Verständnis kommuniziert, die mitfühlende Komponente bleibt gänzlich ausgeklammert.

Etwas erfolgversprechender sieht es aus, wenn die Frau die Führungsrolle innehat. Dann allerdings sollten beide das gleiche berufliche Ziel verfolgen. Und sie müßten sich immer vor Augen halten, daß zum gemeinsamen Erfolg gemeinsame Strategien und sich ergänzende Fähigkeiten erforderlich sind.

Eckiges weibliches Gesicht – eckiges männliches Gesicht

Grundsätzlich besteht in einer solchen Verbindung eine ungeheure Faszination. Wir haben es hier mit einer Frau und einem Mann zu tun, die sich gegenseitig magisch anziehen.

Beide sind stark, risikobereit, erfolgs- und besitzorientiert, selbstbewußt, zukunftsorientiert, machtbewußt und unabhängig. Beide finden beim Partner die Eigenschaften, die sie auch an sich am meisten schätzen.

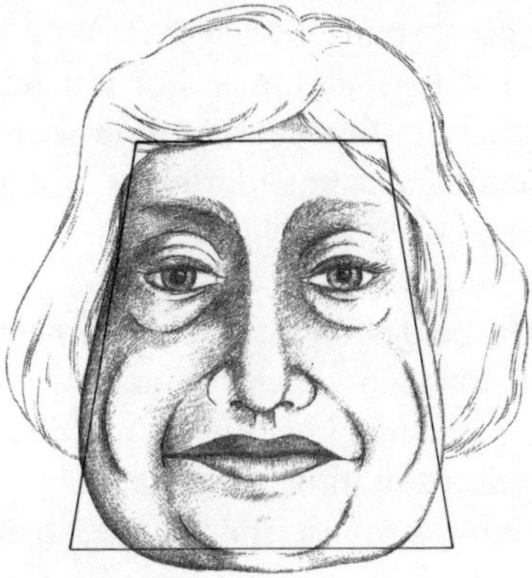

Erdgesicht

Mauergesicht

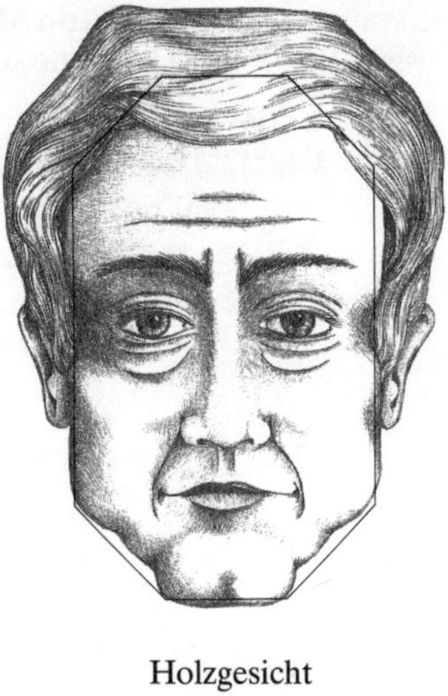

Holzgesicht

Solange beide ein und dasselbe Ziel verfolgen, ist diese Kombination absolut unschlagbar. Weil in dem Machtstreben der beiden auch eine gehörige Portion sexueller Energie steckt. Sehr oft scheitert diese Verbindung aber deshalb, weil die beiden sich sehr schnell auseinanderleben, sobald sie nicht mehr die gleichen Interessen verfolgen.

Da beide über ein übergroßes Selbstbewußtsein verfügen und niemandem, nicht einmal dem Partner, erlauben werden, ihre Unabhängigkeit und ihre Ideale anzutasten, wird es ihnen in Krisensituationen fast unmöglich sein, aufeinander zuzugehen. Selbst wenn sie spüren, daß ihre Beziehung in akuter Gefahr ist. Jeder lebt in dem Bewußtsein, ebensogut auch ohne Partner auszukommen – warum also Zugeständnisse machen?

Eine geschäftliche Verbindung von Menschen mit eckigen Gesichtern kann beachtliche Erfolge zeitigen, sofern drei zwingend notwendige Bedingungen erfüllt sind. Erstens: Beide haben vollkommen unterschiedliche Aufgabenbereiche. Zweitens: Beide verfolgen das gleiche berufliche Ziel. Drittens: Beide haben gleichberechtigte Positionen inne. Dies vorausgesetzt, können beide in einer von Macht und Reichtum geprägten Atmosphäre noch über sich hinauswachsen.

Sollten dagegen beide nicht am gleichen Strang ziehen, so prallen zwei starke, knallharte Gegner aufeinander, die keine Gelegenheit verpassen werden, sich gegenseitig auszubooten, ja sich regelrecht niederzumachen. Ein Kampf der Giganten ist angesagt.

Eckiges weibliches Gesicht – dreieckiges männliches Gesicht

In dieser Partnerschaft wird die Frau meist mehr Zufriedenheit finden als der Mann. Sie ist sehr selbständig und versteht es, ihre Ansprüche durchzusetzen. Daher kümmert es sie wenig, wenn der Partner mit dem dreieckigen Gesicht immer wieder mit allem und jedem unzufrieden ist und sich selbst kein Ziel setzen kann.

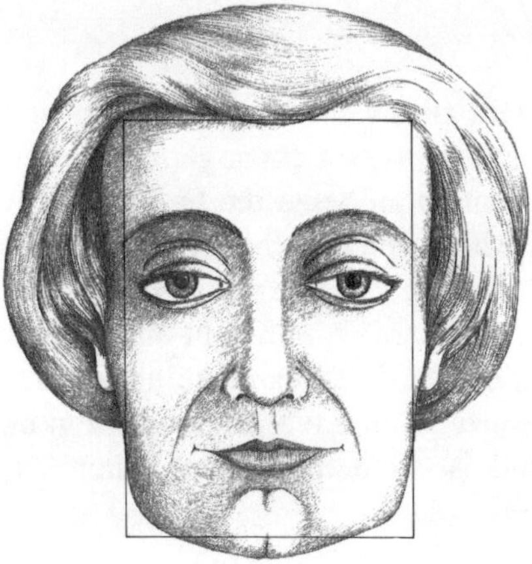

Metallgesicht

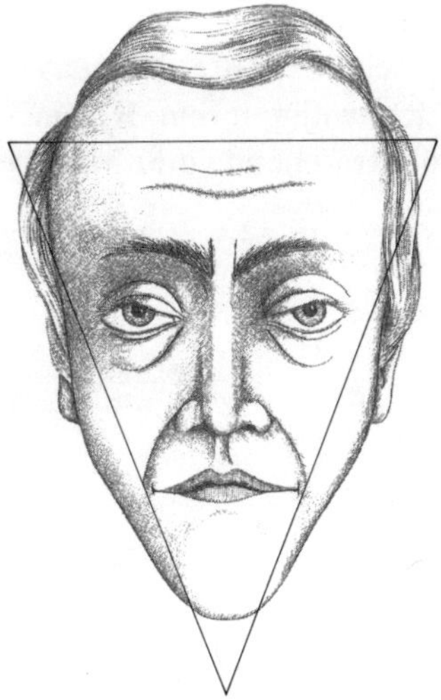

Feuergesicht

Daß er sich ihrer Kraft und Zuversicht unterlegen fühlt und dadurch immer frustrierter wird, ist ihr im Grunde gleichgültig. Er kann sich eben nicht damit abfinden, daß sie es ist, die die Energie und auch das Können besitzt, nicht nur ihre eigenen, sondern auch seine – oftmals diffusen – Wünsche zu realisieren.

Das macht den Mann mit dem dreieckigen Gesicht nicht eben glücklich, weil er doch im Grunde genommen der Macher sein will, der den Ton angibt. Bei dieser Partnerin ist dies allerdings ein aussichtsloser Wunsch, weil sie das gar nicht zulassen würde. Ihr ausgeprägter Eigensinn macht die besten Vorsätze schon im Keim zunichte.

Im beruflichen Miteinander sieht alles viel weniger tragisch aus. Mehr noch, eine solche Verbindung verspricht sogar die besten Aussichten auf Erfolg. Vor allem dann, wenn die Frau mit dem eckigen Gesicht die leitende Position innehat. Ihre Autorität wird ohne Murren von ihm akzeptiert, ohne daß er das Gefühl hat, seine männliche Stärke würde verletzt. Er muß ja in diesem Fall nicht erst beweisen, daß er dieses oder jenes eigentlich besser machen könnte. Niemand erwartet von ihm Stärke, also fügt er sich willig ihrem Regime und ist in den meisten Fällen ein überraschend guter Mitarbeiter.

Dreieckiges weibliches Gesicht – rundes männliches Gesicht

Der Mann mit dem runden Gesicht ist überwiegend von ruhiger, selbstzufriedener Wesensart. Er wendet sich mit Vorliebe den angenehmeren Seiten des Lebens zu und wird nur ganz selten von irrealen Machtgelüsten heimgesucht.

So steht er denn der Unzufriedenheit und dem ständigen Lamento seiner Gefährtin ein bißchen hilflos gegenüber. Aber er ist immerhin klug genug, sich niemals auf Streitgespräche mit ihr einzulas-

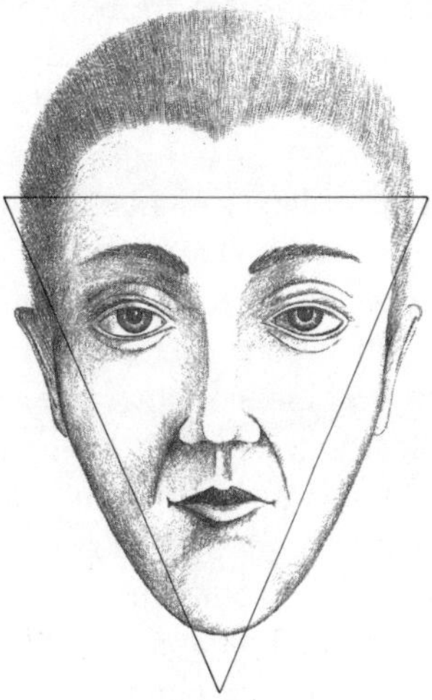

Feuergesicht

Mondgesicht

sen – seine Stärke liegt im Nachgeben. An seiner sprichwörtlichen Engelsgeduld laufen sich mit der Zeit selbst ihre Nörgeleien tot, weil eine Frau mit dreieckigem Gesicht instinktiv sehr wohl spürt, daß sie bei ihrem braven, etwas phlegmatischen Lebensgefährten am besten aufgehoben ist. Vielleicht liegt hier das Geheimnis dafür, daß eine Partnerschaft zwischen diesen beiden oft erstaunlich langlebig ist.

Gegen eine berufliche Verbindung der beiden gibt es zu Recht einige Bedenken. Denn beide sind darauf angewiesen, von anderen geführt und angeleitet zu werden. Der freundliche, gelassene rundgesichtige Mann tut sich in der Regel schwer damit, konsequent und zielstrebig zu arbeiten. In diesem Punkt wird er sicher seine Mitarbeiterin an den Rand des Wahnsinns treiben. Die versteht es zwar im Gegensatz zu ihm, hart zuzupacken (wenn es denn sein muß), aber meistens ohne klares Konzept.

Es ist ganz unerheblich, wer von diesen beiden Gesichtstypen im Beruf das Kommando hat: In den seltensten Fällen wird es eine erfolgreiche, gewinnbringende Allianz sein. Einzige Ausnahme: Ein Dritter übernimmt die Führung. In diesem speziellen Fall könnten sich die beiden sogar sehr gut, fast ideal ergänzen, wenn sie es schaffen, Privates und Berufliches strikt zu trennen. Er versteht es, Ruhe und Beständigkeit ins Team zu bringen, während sie sich dynamisch in ihre Aufgaben reinknien kann – wie gesagt, unter Oberaufsicht eines Dritten. Und sollte ihr geschäftliches Zusammenspiel wider Erwarten einmal nicht so gut klappen, haben sie in ihrem Vorgesetzten zumindest einen gemeinsamen Gegner.

Dreieckiges weibliches Gesicht – eckiges männliches Gesicht

Die Frau mit dreieckigem Gesicht wird auf Anhieb von der Ausstrahlung des Mannes mit eckigem Gesicht fasziniert sein. Versteht er es doch wie kein anderer, in ihr die Sehnsucht nach Außergewöhnlichem zu wecken. An seiner Seite kann sie es wagen, unbekanntes Terrain zu betreten, weil er ihr Sicherheit und Selbstvertrauen gibt. Es würde ihr nicht in den Sinn kommen, seine Klugheit und Autorität je in Frage zu stellen, so daß auf dieser Ebene zwischen beiden Partnern uneingeschränkte Achtung auch über Jahre hinweg besteht.

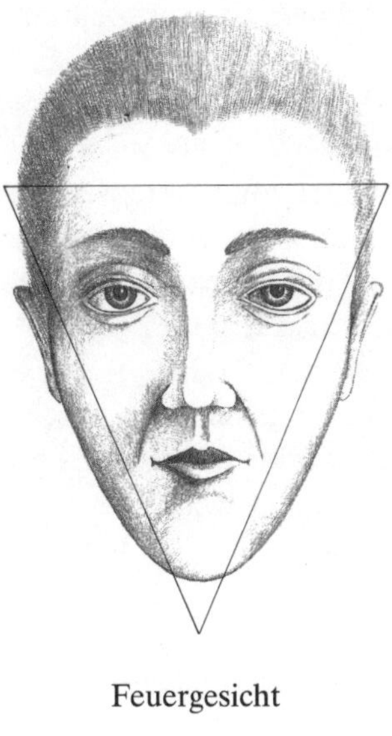

Feuergesicht

Metallgesicht

Doch es werden sich in dieser Beziehung Reibungspunkte ergeben. Denn beide haben vom Naturell her ziemlich unterschiedliche Lebenserwartungen. Sein Blick ist ganz klar zukunftsorientiert, realistisch. Sie dagegen handelt meist recht spontan, ohne die Konsequenzen zu bedenken. Das Chaos, das sie durch ihre eigensinnigen Aktionen anrichten kann, stößt bei ihrem Partner auf blankes Unverständnis. Natürlich weiß sie selbst sehr genau, daß sie es allein nie packen kann – aber in dem Bestreben, ihr Ego etwas aufzumöbeln, wird sie es immer wieder versuchen.

Für fortgesetzte Spannungen in dieser Partnerschaft sorgen auch die waghalsigen Unternehmungen des eckiggesichtigen Mannes. Er wird nämlich kein Risiko scheuen, um seine ehrgeizigen Ziele zu erreichen. In solchen Situationen kann das etwas einfältige, aber gutwillige Gemüt seiner Partnerin seinen Elan abbremsen.

Ernsthafte Schwierigkeiten für diese Partnerschaft ergeben sich aber allein durch ihre Eifersucht. Sie wird nichts unversucht lassen, seinem Freiheitsdrang einen Riegel vorzuschieben. Daß ihr Partner jetzt erst recht auf Abenteuer aus ist, dürfte klarsein. Denn nichts kann ihn mehr erzürnen als das Beschneiden seiner Freiheit.

Im Berufsleben steht einer langen und vor allem erfolgreichen Zusammenarbeit dieser beiden Gesichtstypen nichts entgegen. Sie gelten sogar als ideale Partner, besonders wenn das eckige Gesicht (egal, ob männlich oder weiblich) die Planung übernimmt.

Als freundlicher Teamkollege wird das dreieckige Gesicht ohne Murren alles erledigen, was der andere liegenläßt. Hat ein Mann mit eckigem Gesicht die Geschäfte in der Hand, kann er sich hundertprozentig auf die Unterstützung und das Vertrauen seiner Kollegin verlassen, selbst wenn seine Unternehmungen manchmal etwas tollkühn anmuten.

Er gilt als sehr risikobereit, flexibel und beansprucht ein großes Maß an Entscheidungsfreiheit. Doch dadurch wird sich seine Mitarbeiterin kaum eingeengt fühlen; die Tatsache, daß der Partner manchmal über ihren Kopf hinweg entscheidet, stört sie nicht im geringsten. Sie weiß, daß sie kaum einen besseren Kompagnon finden wird. Bei diesen beiden wechselt das Kommando, die geschäftliche Energie bleibt im Fluß, es herrscht ein fruchtbares Gleichgewicht der Kräfte.

Dreieckiges weibliches Gesicht – dreieckiges männliches Gesicht

Hier begegnen sich zwei vom gleichen Schlag. Sich quasi mit dem eigenen Charakter zu verbinden, wird nie ganz einfach sein – wenn auch vielleicht faszinierend. Es ist nicht zu übersehen, daß sich in dieser Partnerschaft die guten Seiten, aber auch die kleinen und großen Macken verdoppeln und mitunter für Sprengstoff sorgen können.

Eine positive Voraussetzung für diese Beziehung dürfte sein, daß Mann und Frau meist das gleiche Lebensziel haben. Es kommt von daher nicht allzuoft zu Meinungsverschiedenheiten. Beide sind sorgsam darauf bedacht, finanzielle Rücklagen zu schaffen und stets über ein sicheres Einkommen zu verfügen. Sie können sogar ausgesprochen knauserig sein.

Da beide mehr oder weniger unisono nebeneinander herlaufen, fehlt es natürlich an Spannung in dieser Beziehung. Daher muß einer versuchen, den anderen aus der Reserve zu locken – und so für den nötigen Pep zu sorgen. Denn ständig vor dem Pantoffelkino zu sitzen verträgt auf Dauer kein Mensch. Wenn sich beide ihrer Schwächen bewußt sind, können sie durchaus eine befriedigende und erfüllte Partnerschaft erleben.

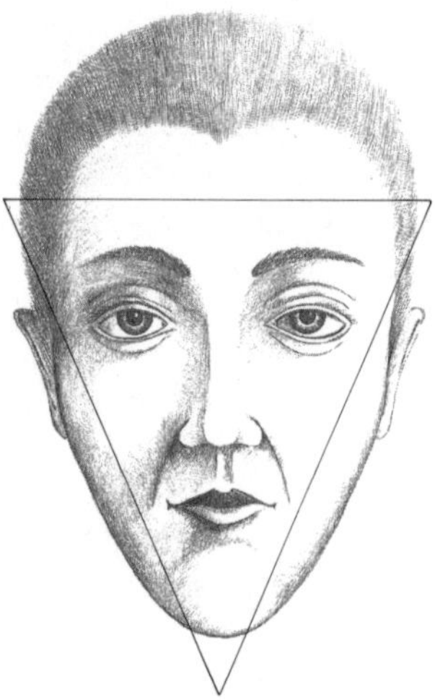

Feuergesicht

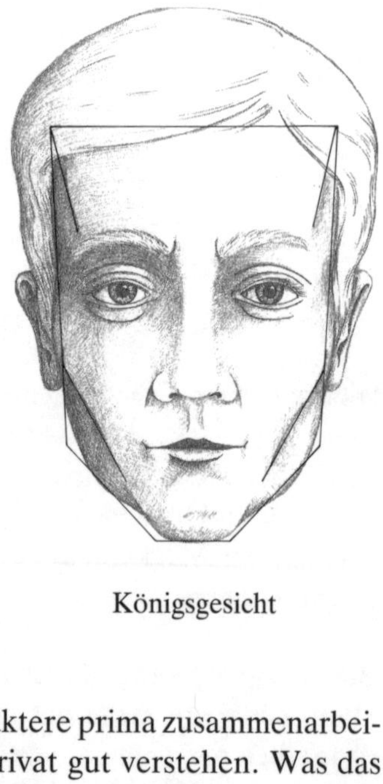

Königsgesicht

Im Beruf können diese beiden Charaktere prima zusammenarbeiten, vor allem wenn sie sich auch privat gut verstehen. Was das Organisatorische im Job angeht, werden sie kaum Schwierigkeiten miteinander haben. Die Frage ist allerdings, ob beide auch einmal bereit sind, ein Risiko einzugehen, um den ganz großen Coup zu landen. Vom Naturell her sind beide ziemlich unentschlossen und zögerlich. So könnten sie den Moment, in dem sie bei einem guten Geschäft zuschlagen müßten, vor lauter Wankelmut verpassen.

Doch da beide sich nicht nach dem großen Erfolg sehnen und schon mit einem passablen Einkommen zufrieden sind, wird die Zusammenarbeit selten disharmonisch sein.

Wie Sie Ihre neuen Kenntnisse der Gesichtsdeutung am besten anwenden

Wie und wann kann ich Gesichter deuten?

Das Faszinierendste an einem menschlichen Gesicht ist: Jedes ist anders. Zwar lassen sich verblüffende Ähnlichkeiten bei verschiedenen Menschen feststellen, aber niemals werden zwei von ihnen völlig identische Gesichter haben.

Sogar eineiige Zwillinge haben keine genau gleichen Gesichter. In diesem speziellen Fall liegt der klitzekleine Unterschied vielleicht nur im Ausdruck der Augen, in der Mimik, in der Beschaffenheit der Haut, einem nicht identisch verlaufenden Haaransatz.

Wie oft hören Kinder von Verwandten oder Freunden: Du siehst ganz genau wie deine Mutter aus. Oder: Du bist dem Vater wie aus dem Gesicht geschnitten. «Genauso aussehen» bedeutet hier aber lediglich: ähnlich sein.

Dasselbe gilt für den Charakter. Kein Mensch gleicht charakterlich dem anderen. Zwar können sie ähnliche Wesenszüge besitzen, aber ihr Verhalten, ihre Reaktionen werden sich ganz bestimmt unterscheiden. In China sagt man: Die Verpackung fällt unterschiedlich aus, weil der Inhalt verschieden ist. Dieses Sprichwort trifft hundertprozentig zu, weil – wie oben gesagt – eben keiner dem anderen wirklich gleicht.

Wie nun lassen sich Gesichter deuten? Wir wissen inzwischen, wenn wir die Bedeutung der einzelnen Gesichtspartien kennen, daß uns ein Gesicht eine Menge ganz unterschiedlicher Informationen geben kann. Aber dieses Wissen allein genügt nicht ganz, um hinter die Fassade zu schauen. Wir müssen lernen, auch gute Beobachter zu werden, müssen auf Details achten, auch wenn sie auf den ersten Blick zunächst unwichtig erscheinen. Und erst wenn wir es verstehen, alle Merkmale miteinander in Verbindung zu bringen, wenn wir einen Weg gefunden haben, wie bei einem Puzzle die Ergebnisse zusammenzufügen, können wir behaupten, daß wir die Kunst des Gesichtlesens beherrschen.

So schwierig es ist, ein gutes Porträt zu malen, so schwierig ist es, hinter dem Gesicht eines Menschen sein wahres Wesen zu entdekken. Aber zugegeben, es ist auch sehr reizvoll. Verspricht es doch, den versteckten und verdeckten Anlagen und Vorlieben unseres Gegenübers auf die Spur zu kommen – vielleicht ohne ein einziges Wort mit ihm zu wechseln.

Gesichtsdeutung läßt sich überall betreiben. In der Straßenbahn, im Restaurant, Büro, Urlaub. Nur sollten wir sorgfältig darauf achten, daß wir andere damit nicht stören oder belästigen. Keiner liebt es, von einem wildfremden Menschen angestarrt zu werden!

Bei der Deutung eines Gesichts dürfen wir nicht vergessen, daß Streß, Verspannungen jeglicher Art, Alkohol das Gesicht verfälschen können. Das Resultat kann dann leicht in die Irre führen.

Am einfachsten ist es, erst einmal das eigene Gesicht als «Versuchsobjekt» zu benutzen. Entschlüsseln Sie dessen Merkmale mit Hilfe dieses Buchs und versuchen Sie dann, aus den gewonnenen Erkenntnissen eine Parallele zu finden zu Ihren Charakterzügen (die Sie selbst wohl am besten kennen) und Ihrem Verhalten. So lernen Sie anhand einiger Übungen, wie sich die Interpretationen der einzelnen Gesichtspartien allmählich zu einem homogenen Bild verbinden.

Wenn Sie am Anfang noch etwas unsicher sind, ob Ihre Beobachtungen auch zu einem richtigen Resultat führen, verzweifeln Sie nicht gleich. Das geht jedem neuen «Gesichtsdeuter» so.

Wichtig für eine gewissenhafte Deutung ist aber in jedem Fall, daß Sie sich genügend Zeit nehmen. Schauen Sie Ihr Gesicht möglichst auch aus verschiedenen Blickwinkeln an (geht prima vor einem Spiegel), bevor Sie mit dem Analysieren Ihrer eigenen, sicher sehr interessanten Persönlichkeit loslegen.

Damit Sie selbst überprüfen können, wieweit Sie mit den Geheimnissen der Gesichtsdeutung bereits vertraut sind, sind im folgenden einige Tests abgedruckt. Versuchen Sie es doch einfach einmal!

Was verbirgt sich hinter diesem Gesicht?

Fünf Tests

Test A

Test A

1. Verbirgt sich hinter diesem Gesicht Durchsetzungsvermögen?
2. Hat diese Frau Sinn für Gerechtigkeit?
3. Entscheidet sie nach Gefühl?
4. Kann es sein, daß sie Probleme mit dem Magen hat?
5. Kann diese Frau selbständig arbeiten?
6. Arbeitet sie sehr penibel?
7. Hat sie eine robuste Gesundheit?
8. Ist sie abenteuerlustig, dabei auf der Suche nach Geborgenheit?
9. Ist diese Frau schnell entflammbar?
10. Steht sie gern im Rampenlicht?
11. Gilt sie als kontaktarm?
12. Ist für diese Frau Geld wichtig?
13. Ist sie eifersüchtig?
14. Besitzt sie pädagogische Fähigkeiten?
15. Wirkt diese Frau arrogant?
16. Schließt sie schnell Freundschaft?
17. Ist diese Frau großzügig?
18. Handelt sie impulsiv?
19. Kann sie auf Statussymbole verzichten?

Antworten zu Test A: 1. Ja (Metallgesicht); 2. Ja (Metallgesicht); 3. Nein (Metallgesicht); 4. Ja (Metallgesicht); 5. Ja (bogenförmiger Haaransatz); 6. Nein (dichte Augenbrauen); 7. Ja (dichte Augenbrauen); 8. Ja (dichte Augenbrauen); 9. Ja (große runde Augen); 10. Ja (große runde Augen); 11. Nein (große runde Augen); 12. Ja (Hakennase); 13. Ja (Hakennase); 14. Ja (Hakennase); 15. Ja (vorstehender Mund); 16. Ja (vorstehender Mund); 17. Nein (eckiges Kinn); 18. Nein (eckiges Kinn); 19. Nein (eckiges Kinn).

Der Charakter: Eine Frau mit vielen positiven Eigenschaften: Sinn für Gerechtigkeit, Durchsetzungsvermögen, sachliche Intelligenz, die Fähigkeit, anderen etwas zu vermitteln (Metallgesicht, bogenförmiger Haaransatz). Bisweilen schlägt ihr von den lieben Mitmenschen eine Welle der Ablehnung entgegen, weil man sie für arrogant hält (vorstehender Mund, Lippen nach außen). Sicher wird sie es genießen, vor Publikum aufzutreten und kluge Vorträge zu halten, aber sie wird es tunlichst vermeiden, sich selbst in den Vordergrund zu rücken (runde Augen). Daß sie es im Beruf nicht so peinlich genau nimmt und sich auch nicht gern mit Kleinigkeiten befaßt, kann sie meist durch ihr fabelhaftes Gedächtnis und eine rasche Auffassungsgabe wettmachen. Privat ist die coole Kluge gern mit anderen Menschen zusammen, sie sucht Kontakt und stürzt sich auch mit Vorliebe ins Party-Getümmel (runde Augen, eckiges Kinn). Da aber ihr Verstand stets über ihr Gefühl siegt, wird sie es nicht leicht haben, eine feste Bindung einzugehen. Zwar werden andere sie manchmal darum beneiden, daß sie sich mit Enthusiasmus und Abenteuerlust in immer neue Affären stürzen kann (eckiges Kinn), aber nach zahlreichen gescheiterten Beziehungen wird sie langsam das Vertrauen in die Liebe verlieren. Wenn sie bisweilen über Magenschmerzen klagt, könnte es sein, daß daran auch ihre nicht ausgelebten Gefühle mit schuld sind.

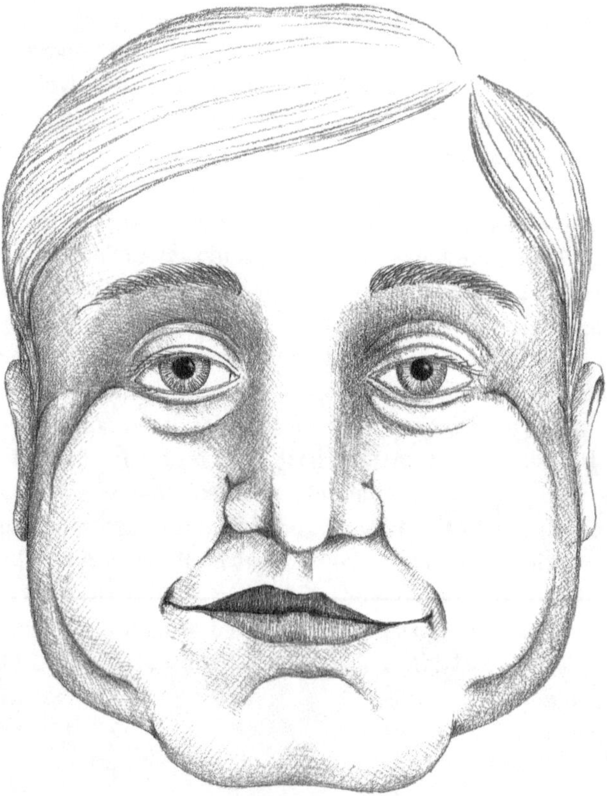

Test B

Test B

1. Handelt es sich um jemanden, der das Leben leicht nimmt?
2. Ist er selbstsicher und beherrscht?
3. Kann er Probleme bewältigen?
4. Ist er bei der Arbeit belastbar?
5. Besitzt dieser Mensch kreatives Talent?
6. Hat dieser Mensch Geduld?
7. Ist er ein Einzelgänger?
8. Ist er romantisch veranlagt?
9. Hat dieser Mensch die Allüren eines Snobs?
10. Ist er vertrauenswürdig?
11. Legt er Wert auf gesellschaftliche Anerkennung?
12. Kann dieser Mensch verschwiegen sein?
13. Wirkt er aufrichtig?
14. Hat er eine heimliche Vorliebe für Dreiecksbeziehungen?
15. Trifft dieser Mensch gern Entscheidungen?
16. Hat er Gespür für übersinnliche Wahrnehmungen?
17. Ist er sensibel?

Antworten zu Test B: 1. Nein (Mauergesicht); 2. Nein (Mauergesicht); 3. Nein (Mauergesicht); 4. Nein (Mauergesicht); 5. Nein (Mauergesicht); 6. Ja (weiter Brauenabstand); 7. Nein (weiter Brauenabstand); 8. Ja (tiefliegende Augen); 9. Ja (gerade Nase mit gerader Spitze); 10. Ja (gerade Nase mit gerader Spitze); 11. Ja (gerade Nase); 12. Nein (schiefer Mund); 13. Nein (schiefer Mund); 14. Ja (schiefer Mund); 15. Nein (eng anliegende Ohren); 16. Ja (eng anliegende Ohren); 17. Ja (eng anliegende Ohren).

Der Charakter: Hier haben wir es scheinbar mit einem problembepackten Menschen zu tun, der einen Berg von Schwierigkeiten zu bewältigen hat. Zumindest glaubt er das. Und er ist auch felsenfest davon überzeugt, daß er für diese Probleme keine Lösungen findet. Das größte Hindernis dürfte allerdings sein tiefsitzendes Mißtrauen sein, mit dem er jedem und allem begegnet (Mauergesicht). Er ist unentschlossen und unsicher, besitzt keinerlei Courage. Auch wird er manchmal von übersinnlichen Wahrnehmungen geplagt, vor denen er Angst hat.

Die andere Seite seines Naturells: Er verlangt nach gesellschaftlicher Anerkennung, ist sehr eitel und kann ab und zu mit seiner Aufschneiderei alle vor den Kopf stoßen. Aber er ist ganz tief drinnen auch romantisch und sensibel (tiefliegende Augen) – und er hat großes kreatives Geschick. Auch werden seine Mitmenschen ihn gern ans Herz drücken, vor lauter Dankbarkeit, daß er ihnen so viel Geduld und Verständnis entgegenbringt.

In seiner Jugend ist er häufig ein echt scharfer Typ. Mal jagt er hier einer Liebelei hinterher, mal stürzt er sich dort in eine Leidenschaft (schiefer Mund). Nirgends scheint er zu finden, was er sucht – weil er oft nicht weiß, wonach er eigentlich sucht.

Mit den Jahren wird er etwas stabiler. Aber sein Suchen wird damit nicht zu Ende sein. Es sei denn, er wird sich irgendwann einmal ein klares Ziel setzen und nicht immer an Nebensächlichkeiten, die auf dem Weg liegen, hängenbleiben.

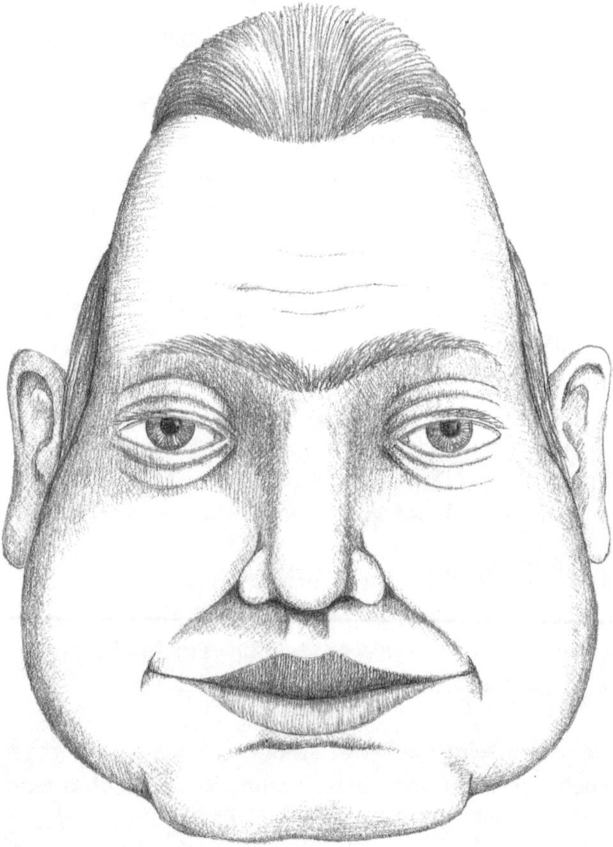

Test C

Test C

1. Kann dieser Mensch Kritik vertragen?
2. Ist er unternehmungslustig und gesellig?
3. Sind seine beruflichen Ziele hochgesteckt?
4. Kann er eine rein gefühlsmäßige Bindung eingehen?
5. Wirkt dieser Mensch dumm oder ungebildet?
6. Ist er feige?
7. Ist er wahrheitsliebend?
8. Hat dieser Mensch viele Enttäuschungen erlebt?
9. Wirkt er vertrauensselig?
10. Hat er beruflich Aussicht auf Karriere?
11. Besteht ein Hang zur Depression?
12. Gilt dieser Mensch als Einzelkämpfer?
13. Ist er schnell beleidigt?
14. Braucht dieser Mensch Bewunderung?
15. Ist er manchmal frivol?
16. Kann er sehr leidenschaftlich sein?
17. Ist dieser Mensch stur?
18. Interessiert er sich für die Probleme anderer?
19. Ist er in einer Beziehung tonangebend?
20. Legt er großen Wert auf Gesundheit und sein Äußeres?

Antworten zu Test C: 1. Nein (Berggesicht); 2. Nein (Berggesicht); 3. Ja (Berggesicht); 4. Nein (Berggesicht); 5. Nein (breite Stirn); 6. Nein (breite Stirn); 7. Nein (breite Stirn); 8. Ja (weit auseinanderliegende Augen); 9. Ja (weit auseinanderliegende Augen); 10. Nein (weit auseinanderliegende Augen); 11. Ja (zusammengewachsene Augenbrauen); 12. Nein (zusammengewachsene Augenbrauen); 13. Ja (zusammengewachsene Augenbrauen); 14. Ja (großer Mund); 15. Ja (großer Mund); 16. Ja (großer Mund); 17. Ja (abstehende Ohren); 18. Ja (abstehende Ohren); 19. Nein (abstehende Ohren), 20. Nein (abstehende Ohren).

Der Charakter: Wir haben es hier mit einem brillanten Wissenschaftler zu tun, der einen starken Willen und einen rasch arbeitenden Verstand hat (Berggesicht mit breiter Stirn). Er wird bereit sein, auch ungewöhnliche Wege zu gehen, und Risiken in Kauf nehmen, wenn er von einer Sache überzeugt ist. Er hat – wenn er im Recht zu sein glaubt – keine Hemmungen, andere zu kritisieren. Manchmal wird er dabei recht heftig und laut. Er selbst jedoch kann Kritik nur sehr schlecht einstecken, zuweilen rastet er vor Zorn aus.

Im Beruf fühlt er sich in einem Team von klugen Köpfen am wohlsten. Er kann sich sehr gut in die Gemeinschaft einfügen und gilt als aufmerksamer Zuhörer. Und er ist fair und aufrichtig, ab und zu ist seine Wahrheitsliebe schockierend.

Privat gilt er als leidenschaftlicher Liebhaber (großer, voller Mund), der es aber nur selten fertig bringt, eine dauerhafte Beziehung einzugehen. Manchmal scheitert die Zweisamkeit allein an seinem Mißtrauen, denn durch seine sträfliche Vertrauensseligkeit in Gefühlsdingen hat er meistens eine Reihe von schlechten Erfahrungen hinter sich.

Da seine gesundheitliche Verfassung im allgemeinen sehr stabil ist, neigt er dazu, seinen Körper zu vernachlässigen (abstehende Ohren).

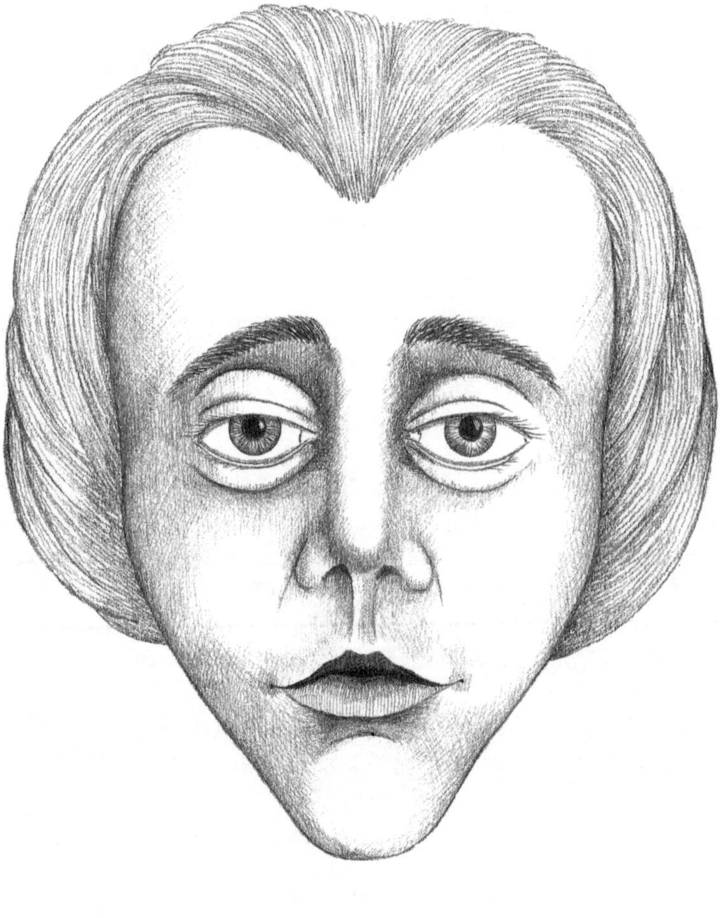

Test D

Test D

1. Läßt sich dieser Mensch von Äußerlichkeiten blenden?
2. Ist er geistig fit und sprüht vor Ideen?
3. Ist er beruflich immer erfolgreich?
4. Gelten seine Beziehungen als dauerhaft?
5. Ist er sehr vertrauensselig?
6. Kann sich dieser Mensch leicht anpassen?
7. Ist Geld für ihn sehr wichtig?
8. Besitzt er Ausdauer?
9. Ist dieser Mensch ein Optimist?
10. Nimmt er Probleme ernst?
11. Nutzt er gern andere für sich aus?
12. Kann er sanft sein?
13. Ist dieser Mensch selbstlos?
14. Hat er einen starken Willen?
15. Kann man ihm bei Geschäften vertrauen?
16. Bevorzugt er dauerhafte, ruhige Beziehungen?
17. Besitzt dieser Mensch genügend Ausdauer?
18. Ist er im Beruf erfolgreich?
19. Gilt er als geizig?
20. Fehlt es ihm an Selbstbewußtsein?
21. Ist das ein echter Busineßman?
22. Legt er sich gern fest?
23. Legt er Wert auf Prestige?
24. Ist er bei seiner Berufswahl flexibel?

Antworten zu Test D: 1. Ja (Feuergesicht); 2. Ja (Feuergesicht); 3. Nein (Feuergesicht); 4. Nein (Feuergesicht); 5. Nein (Feuergesicht); 6. Ja (V-förmiger Haaransatz); 7. Ja (V-förmiger Haaransatz); 8. Nein (V-förmiger Haaransatz); 9. Ja (schräg nach oben verlaufende Brauen); 10. Nein (schräg nach oben verlaufende Brauen); 11. Nein (schräg nach oben verlaufende Brauen); 12. Ja (schräg nach oben verlaufende Brauen); 13. Nein (vorstehende Augen); 14. Ja (vorstehende Augen); 15. Nein (vorstehende Augen); 16. Nein (vorstehende Augen); 17. Nein (kleine Stupsnase); 18. Nein (Stupsnase); 19. Nein (Stupsnase); 20. Ja (Stupsnase); 21. Ja (vorstehende Unterlippe); 22. Nein (vorstehende Unterlider); 23. Nein (vorstehende Unterlider); 24. Ja (vorstehende Unterlider).

Der Charakter: Dieser Mensch wird bereit sein, ausgesprochen hart zu arbeiten. Es ist nicht ausgeschlossen, daß er in seinem Berufsleben mehr als nur eine Karriere macht. Vielleicht liegt das zum Teil daran, daß er sich nur ungern auf längere Zeit festlegt. Viel lieber stürzt er sich mit Elan und Begeisterung in eine neue Aufgabe, die er meist spielend bewältigen wird. Manchmal sieht er sich aber auch gezwungen, sich nach einem neuen Job umzusehen. Bei seinem Karrierestreben verläßt er sich nicht immer nur auf seine enorme Power, er bedient sich im Bedarfsfall auch mal unsauberer Tricks (Feuergesicht, vorstehende Augen). Diese pflegt er immer dann einzusetzen, wenn ihm jemand seinen Führungsanspruch streitig macht. Alles in allem wird dieser Mensch immer wieder auf die Füße fallen und sich's gutgehen lassen.

Privat wird diese Persönlichkeit durch seine unangebrachte Vertrauensseligkeit seinen Freunden gegenüber manchen Reinfall erleben. Aber von dem erholt er sich schnell, weil er sich gern ablenken läßt und keinen Sinn darin sieht, irgend jemandem oder irgend etwas nachzutrauern.

Als Partner kann er sehr warmherzig, aufmerksam und großzügig sein (Stupsnase). Aber niemand sollte sich darüber hinwegtäuschen lassen, daß unter seiner weichen Schale ein knochenharter Kern steckt. Seine Partnerschaften sind meist leidenschaftlich und kurz, er macht sich davon, sobald sein Interesse erlahmt. Erst in späteren Jahren – manchmal *zu* spät – wird ihm aufgehen, daß zum Glück auch Ausdauer gehört.

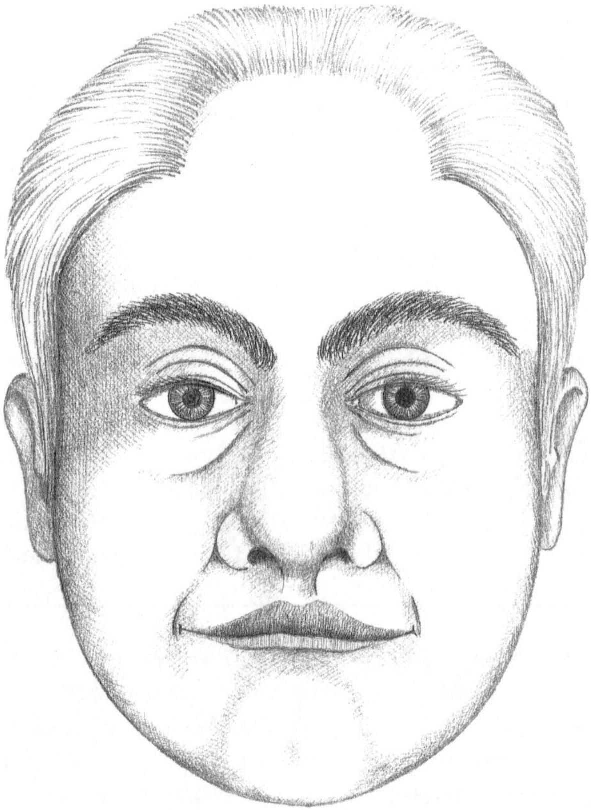

Test E

Test E

1. Handelt es sich um einen Genußmenschen?
2. Ist er tiefgründig?
3. Gilt er als typischer Karrieremensch?
4. Ist er ein Familientyp mit vielen Kindern?
5. Gilt dieser Mensch als sensibel, gefühlsbetont?
6. Wo liegen seine beruflichen Stärken?
7. Ist das ein typischer Einzelgänger?
8. Gilt dieser Mensch als berechnend?
9. Liebt dieser Mensch Sex?
10. Wie sieht's mit der Gesundheit aus?

Antworten zu Test E: 1. Ja (rundes Gesicht); 2. Nein (rundes Gesicht); 3. Nein (rundes Gesicht); 4. Ja (rundes Gesicht); 5. Ja (fleischige Nase); 6. Gastronomie (fleischige Nase); 7. Nein (lange Augenbrauen); 8. Nein (eng zusammenliegende Augen); 9. Ja (obere Lippe dicker als untere); 10. Probleme ab dem dreißigsten Lebensjahr (dreibogiger Haaransatz).

Der Charakter: Ein rundes oder auch Mondgesicht in Verbindung mit einer fleischigen Nase weist eindeutig darauf hin, daß es sich hier um einen Genußmenschen handelt. Eine Karriere im harten Management wird er mit seinem gemächlichen Naturell nur im Ausnahmefall machen. Aber seine Stärken liegen ja auch auf ganz anderer Ebene. Sein Interesse an anderen Menschen (Augenbrauen) und seine Genußfähigkeit prädestinieren ihn geradezu für eine Aufgabe in der Gastronomie. Freilich wird er auch hier nicht die ganz große Karriere machen, weil er sich nicht genügend durchsetzen kann (Haaransatz). Aber sein berufliches Glück, seine Befriedigung kann er hier finden, und das ist ihm wichtiger als der höchste Posten.

Sein rundes Gesicht, die fleischige Nase und die Lippenform deuten auf viel Spaß an Sexualität und Erotik hin. Häuslichkeit, ein glückliches, zufriedenes Familienleben mit vielen Kindern ist für diesen Menschen das erstrebenswerteste Ziel in seinem Leben. Die Augenbrauen verraten, daß er gänzlich ungeeignet wäre, sich als Einzelgänger durchzuschlagen.

Seine Augen, die eng zusammenliegen, gelten allgemein als berechnend. Nur hier, im Zusammenhang mit den oben beschriebenen Merkmalen, signalisieren sie Temperament und Kontaktfreude.

Der dreibogige Haaransatz zeigt, daß seine Gesundheit nicht besonders stabil ist. Er tut auch wenig dafür, weil ihm sportliche Übungen ein wahrer Greuel sind. Auch seine allzu große Genußfreude fördert nicht gerade seine gesundheitliche Konstitution.